連合・労働組合必携シリーズ 1

非正規を仲間に

壁を壊す

中村圭介
Keisuke Nakamura

教育文化協会

旬報社

新装版にあたって

このたび「壁を壊す」がデザインを新たに刊行されることになり、著者としてはうれしい限りである。出版事情が大変厳しいなか、英断を下された（公社）教育文化協会には心より感謝申し上げる。字が大きくなり、私のような高齢者にやさしい本に生まれ変わることになった。

いわゆる非正規労働者の組織化はこの一〇年間で著しく進んだ。パートタイム労働者の組合員数は平成二〇年の六一万人から平成二九年の一二〇万人へと倍増した。年率七・八％の増加である。日本の企業別組合もよくやっていると私は思う。もっともパートタイム労働者の推定組織率は七・九％だから、まだまだ先は長い。

平成二四年の労働契約法改正で追加された「通算五年超で無期転換」（第一八条）、「反復更新に対する雇い止め法理の条文化」（第一九条）、「有期契約と無期契約との不合理な労働条件の相違の禁止」（第二〇条）は非正規労働者の処遇改善と雇用保障に大きく寄与することになると思う。無期転換対象者は今年から出現することになる。正規従業者からなる企業別組合はこの事態にどう対応しようとしているのだろうか。

私が本書で指摘している二つの危機、集団的発言メカニズムの危機と代表性のゆらぎがよりはっきりと見えてくるようになるのではないか。非正規労働者に蚕食された職場をユニオン・

リーダーは傍観しているだけではいけない。非正規労働者に声をかけ「仲間になってもらう」必要がある。「仲間にしてあげる」では危機は乗り越えられない。二つの危機の意味そこからの脱出方法を、非正規を組織化した先駆的なユニオン・リーダーの苦闘から学んでほしい。本書は先駆者とみなさんの橋渡しをするにすぎない。

本書が想定している読者層はもちろん労働組合運動を担っているリーダー、中堅層である。だが実践家だけではなく、労働組合の研究者とりわけ若手の研究者にも本書を手に取ってほしいと思う。本書のもとになったのは『「非正規労働者の組織化」調査報告書』（連合総合生活開発研究所、二〇〇九年）である。この報告書に描かれた十の事例から帰納的に仮説を抽出した成果が本書である。事例から帰納的に仮説を創造する困難さと面白さを経験してほしい。丹念な事例研究の良さが忘れ去られ、定量的データを活用し、見栄えはよいが中味は空疎な研究が目に付くようになった今日この頃だからこそ、そう強く願うのである。

梅雨入り前の六月四日、市ヶ谷の研究室にて

中村圭介

はじめに

パートタイマー、契約社員、派遣労働者など、いわゆる非正規労働者が増えていること、だが、彼らの組織化はなかなか進んでいないことが議論されるようになったのは、いったい、いつの頃からだろうか。一九九〇年代の初めには、すでに、大きなトピックになっていたように思う。その時から早や十数年が経つ。しかし、非正規の組織化は今なおホットなイッシューのままである。

企業別組合はどうして非正規労働者を組織化しないのだろうか。どうして企業の中の未組織層を放っておくのだろうか。多くの研究者や組合活動家がさまざまな角度から議論してきた。私自身も、このテーマで文章を書いたこともある。

企業別組合は企業の正規労働者だけからなり、自分たちを守るだけで精一杯で、助けを必要とする人びとには手をさしのべない。非正規の組織化は、結局は正規労働者主義の企業別組合だから無理なのだ。こう非難することはたやすい。もし、非難をすることによって企業別組合が非正規の組織化に乗り出すならば、非難をし続けることには意味がある。だが、そうでなければ、無用な感情的摩擦を引き起こすだけであまり意味がない。いや、企業別組合が、自分たちは正規労働者主義であって非正規労働者を組織化しないのも仕方のないことなのだと納得してしまうとすれば、非難は無意味どころか有害である。企業別組合に、非正規の組織化をしなくてもよい理由を与えてしまうからだ。

何か、良いアイデアはないのだろうか。非難ではなく、事実に基づいた論理的な批判をすることはできないのだろうか。連合総合生活開発研究所のプロジェクトが立ち上がった時に、私の頭に浮かんだのは、このことであった。

そうだ、すでに非正規労働者の組織化に成功した企業別組合に学ぼう。なぜ、組織化に乗り出し、どういう苦難に直面し、それをどうやって乗り越えたのだろうか。これを教えてもらおう。その中から、何かヒントがみつかるはずだ。

調査の趣旨に賛同して協力して下さった労働組合は、イオンリテール労働組合、日本ハムユニオン、ケンウッド・グループ・ユニオン（ケンウッド・ジオビット総支部）、市川市保育関係職員労働組合、八王子市職員組合、サンデーサン労働組合、小田急百貨店労働組合、クノールブレムゼジャパン労働組合、全矢崎労働組合、私鉄中国地方労働組合広島電鉄支部の一〇単組である。心より、感謝したい。

プロジェクトの成果は連合総合生活開発研究所『「非正規労働者の組織化」調査報告書』（二〇〇九年一月）としてまとめられた。本書は、この報告書を私なりに読みこなし、かつ、新たに調べた事実を付け加えながら、一般読者向けに書き下ろしたものである。その意味では、本書の責任の一切は私にある。
非正規の組織化をめぐる、これまでの議論とはひと味もふた味も違ったものを提供できたのではないかとひそかに思っている。わかりやすく、かつ、メッセージ性の強いものをとの注文に、果たしてきちんと応えられたかどうか。それなりの努力はしたつもりであるが、その判断は読者に委ねざるをえない。

著者

目次

第一章

自分のために

お説教はしない。私自身、するのも、されるのも嫌いである。私はただ、あなたの中で眠っている危機意識を呼び覚ましてみたいのだ。

●着実な増加

いわゆる非正規労働者の組織化は着実に進んでいる※1。一九九〇年に九・七万人だったパートタイム労働者の組合員は、二〇〇七年には五九万人へと増えた。この一七年間に六倍である。年平均増加率はなんと一一・三七％にもなる。

これに対し、一般労働者の組合員数は九四年に一、二五〇万人と戦後最高を記録した後、減り続け、〇七年には九四九万人と、一、〇〇〇万人を割り込んだ。

一般、パートを合わせた組合員数は、九四年以降、減少の一途だったのだが、〇七年に一三年ぶりに前年増を記録した。パートタイム労働者の組織化のおかげである。多くのパートを抱える企業別組合の頑張りが、組合員数の長期低落にストップをかけた。日本の労働組合も捨てたものではない。

努力は認める。よくやっていると思う。だが、組織率はまだ四・八％にすぎない※2。一〇〇人のうち五人である。一般労働者なみに二割になれば、組合員数は二〇〇万人増える。そう考えると、まだ、道のりは遠い。

●わずかに二割

もう一つ、残念なデータがある。二〇〇四年の厚生労働省の調査である※3。事業所にパートタイム労働者がいる労働組合のうち、七二・三%は彼らに対しなんの働きかけもしていない。パートタイム労働者を組合員としている組合は一〇・九%、組織化の方向で努力しているなど、なんらかの努力をしている組合は一一・一%にすぎない※4。両者を合わせてもわずかに二割。

そして、この二割という数字は一三年前の同じような調査※5とほぼ同じなのだ。この調査で、事業所にパートタイム労働者がいる組合のうち「過去、将来とも組合員とする」と回答した組合は一〇・七%、「将来は組合員とする」とした組合は一二・六%。合計すると約二割。

確かに、パートなど非正規労働者の組織化に積極的に取り組んでいる組合はいる。彼らの頑張りが一七年間で六倍という成果をもたらした。だが、そうした組合はわずかに二割を占めるにすぎない。少数派である。しかも、その割合はこの間、ほとんど変わっていない。

●労働組合は嫌い？

なぜに二割にとどまったままなのか。逆に言うと、なぜ七割から八割の組合は非正規労働者の組織化に熱心ではないのか。

よく耳にするのは次のような言葉である。

パートなど非正規労働者自身が組織化を望んでいない、だから組合としてもわざわざ働きかける必要もない。

高い組合費を払って、いったいどんなメリットがあるのか。家庭と仕事の両立で忙しいのに、なんで組合なんかに参加しなければならないのか。放っておいてくれないか。こう彼らが言うと……。

本当に、非正規労働者はそう考えているのだろうか。彼らは組合が嫌いなのだろうか。図1は、さまざまな雇用形態で働く未組織労働者の組合観を示したものである。

これによると、組合はぜひ必要、組合はあった方がよいと答えた人びとは、雇用形態にかかわりなく、およそ三分の二である。しかも、パート・アルバイトも派遣労働者も正社員より組合必要派は多い。

単純な比較は怪しい。そう考える人がいるかもしれない。私の友人たちが高度な手法を用いて、雇用形態別に差があるかどうかを確かめた※6。彼らによると、組合が必要だと考える人びとの割合には、正社員として働くか、パート・アルバイト、契約社員、派遣労働者として働くかは影響を及ぼさない。つまり、どんな形態で働こうが、三分の二くらいは組合は必要だと考えている。

図1：雇用形態別にみた未組織労働者の労働組合観（%）

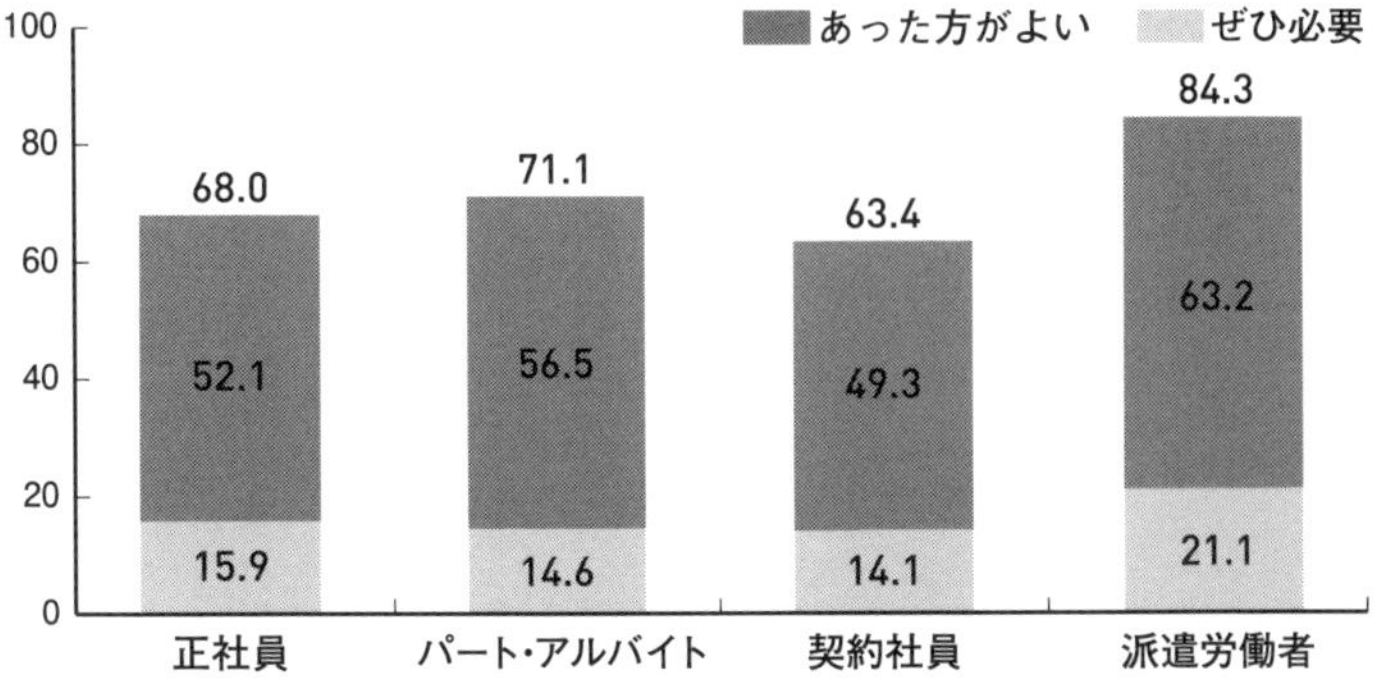

出所：連合総合生活開発研究所『労働組合に関する意識調査報告書』（2003年11月）
注：サンプル数は正社員（役員を除く）＝654、パート・アルバイト＝253、契約社員＝71、派遣労働者＝38である。

●二つの壁

非正規労働者が組合を嫌っている。彼らは組合を遠ざけている。こういう見方は正しくはない。少なくとも、彼らの三分の二は組合を嫌ってはいない。問題は、非正規労働者は組合を嫌っていると思いこんでいる企業別組合自身にある。自らが非正規労働者との間に壁をつくっているのだ。

他方、非正規労働者自身にも、乗り越えることが難しい壁がある。組合は必要だとは思っていても、だからといって、組合にすんなり加入するかというとそうではない。図1と同じ調査によれば、組合はぜひ必要だと考える未組織労働者であっても、「組合に加入したい」は一四・一%、「声をかけられたら加入してもよい」は一八・四%であり、組合加入に積極的な労働者はおよそ三分の一にすぎない。組合はあった方がよいと考える未組織労働者では、それぞれ一・四％、一一・五％で、合わせて八分の一となる※7。

彼らの前に立ちはだかる壁は、たとえば組合費であったり、組合活動の負担であったり、経営者に対する恐れや遠慮などであろう。

誰かが、この壁を壊す支援をしてあげる必要がある。だが、肝心の企業別組合は、自らの思いこみで非正規労働者との間に壁をつくり、そうした支援になかなか乗り出そうとはしない。

●メリットはあるのか？

言い忘れていたが、非正規の組織化という場合、私が思い浮かべているのは企業別組合によるパートタイム労働者、アルバイト、契約社員、派遣労働者の組織化のことである※8。

非正規労働者を抱える企業別組合のリーダーたちは、今までの私の話を聞いたうえで、次のように言うかもしれない。

非正規労働者が組合を嫌っていないのはわかった。だからといって、彼らがすぐさま組合に飛び込んでくるというわけでもないのもわかった。だが、なぜ、私たちが彼らを組織化しなければいけないのか。いったい、私たちにとって、どんなメリットがあるのか。簡単に組織化と言うけれど、組織内の合意をとり、非正規の組織化に多大な時間と労力と費用をかけなくてはならない。そうまでして、いったい、どんな見返りがあるというのか。それをぜひ、教えてほしい。非正規労働者にとってのメリットではなく、私たちにとってのメリットは何か。

連帯、友愛、正義。美しい言葉で私たちを動かそうとするのはやめてくれないか。もちろん、高い志が組合運動に必要なことは十分に承知している。それを胸に、これまでも運動をしてきた。だが、そう言う前に考えてくれないか。私たちは末端の現場で、ややもすると組合から離れていこうとする組合員を組合活動に巻き込むために、日夜努力している。組合活動にもさまざまな工夫をしている。会社側との交渉、協議にしたって、解くべき課題は山積みだ。そんな私たちの苦労を知りもしないで、きれいごとを並べ立てるのはもうやめてくれ。そんな言葉は、現実を知らない学者に言わせておけばいい。

そう言い放つリーダーたちを前にして、私はただ、そうかもしれないなあと思うだけである。私はお説教はしない。

●退出か集団的発言か

非正規の組織化という話題からちょっと離れて、頭を冷やして、少しばかり理屈を考えてみよう。

労働者が労働条件、仕事のやり方、経営方針、経営体質に対し我慢できないほどの不満を持っていると仮定する。不満の解消方法は二つある※9。

一つは会社を辞めることである。ひどい会社からおさらばする。言い換えれば退出する。会社を辞めていく労働者が後を絶たなかったら、社長も少しは考えるであろう。自分の会社には、何か悪いところがあるのかもしれないと。賃金、労働時間、あるいは経営体質、どこかに問題を抱えているのかもしれないと。

もう一つは不満を直接、会社側に伝えることである。一人では聞いてくれないだろう。だからみんなで社長や専務に言いにいく。別の言葉を使えば、集団的に発言する。発言したからといって、すべての不満が解消するわけではあるまい。一部かもしれない。けれども、一部とはいえ解消する。さらに不満を伝えた、会社側が耳を傾けてくれた、このことだけでも不満は多少は収まろう。その結果、辞めるという選択肢を採ることが少なくなる。

つまり、不満を持った場合、みんなで会社側にそれを伝えることによって、結果として辞める労働者が減る。別の言い方をすれば、集団的発言が離職率を引き下げる。では、発言する集団とはいったいどんな集団なのか。どういう名前をつけようが、それこそが労働組合に他ならない。

●生産性の向上

離職率の低下は、さまざまな費用を抑えることにつながる。新しい労働者を募集し、採用する費用、職場の一時的混乱が招く費用、新しい仕事を覚えさせるための訓練費用等である。また、辞めてしまう労働者の技能を高めるために費やされた教育訓練費用が無駄にならない。

集団的発言は離職率の低下を通じて、さまざまな費用を抑えるだけではない。仕事や人事管理などに対する不満、要求を伝えることによって、経営、人事管理などの合理化、制度化を促す。

日本の企業別組合の行動を虚心にながめれば、組合を通じる発言は、職場で起こっている、しかし、経営側が気がつかない重要な問題の発見、解決に大きく寄与している。労働組合による、職場からの経営参加である。

費用の低減、管理の合理化、制度化、職場からの経営参加、これらはいずれも生産性の向上につながる。労働組合の一つの重要な機能である。

●集団のほころび

非正規の組織化に話を戻そう。非正規労働者が多くを占めるようになった企業において、この集団的発言のメカニズムは十分に機能するだろうか、生産性の向上をもたらすだろうか。このことを冷静に考えてほしいのだ。

非正規労働者は蚊帳の外に置かれたままである。彼らが仕事や賃金に不満を持ったときに、それをどうやって解消したらよいのだろうか。集団からは疎外されている。発言のルートは閉ざされている。不満を持ったまま働き続けるか、あるいは退出という選択を採らざるをえない。

不満を持ったままでも、働き続けるのならば、離職による費用は発生することはない。だが、彼らの発言によって起こるはずの、管理の合理化、制度化、職場での問題解決は生じない。また、そんな状態に置かれて、彼らは正規労働者と仲良く仕事ができるだろうか。正規労働者と非正規労働者が互いに気楽に意見を言い合い、協力して仕事に取り組んでいく、そんな職場になるのだろうか。常識的に考えれば、そんなことは起こらない。職場の雰囲気は停滞し、みんな生き生きと働かなくなる。

退出という手段を選べば、それにともなうさまざまな費用がかかる。単に目にみえる費用がかかるというだけではない。新たな人を募集、採用しようとすれば、人事担当者は本来ならば違う仕事ができた時間を、募集、採用に割かなければならない。新しい人に仕事を覚えてもらうためには、職場のベテラン（正規であれ、非正規であれ）が、自分の仕事をせずに、その人を教えなければならない。非正規労働者が突然辞めれば、その人の穴を埋めるために、職場の同僚たち（正規であれ非正規であれ）が一時的にせよ、自分たちの仕事以外の仕事をしなければならなくなる。

要するに、いずれの選択をするにせよ、生産性は低下する。

●集団的発言メカニズムの危機

非正規労働者が増える。けれども、彼らを蚊帳の外に置いたままにする。集団は揺らぐ。そして会社全体の集団的発言メカニズムの機能が低下する。その結果、生産性は低下する。集団的発言メカニズムの危機である。非正規労働者を集団から疎外することによって、他ならぬ正規労働者自身が危機に陥るのである。

●独立組合と過半数代表者

非正規労働者が採りうる手段は、実は他にもある。自らが、別の集団を立ち上げることである。仕事や賃金などに不満を持ったとき、会社にとどまり、なんとか不満を解消したいと考える。一人だけでは難しい。同じ境遇にある仲間たちと団結し、自分たちだけの労働組合をつくる。もちろん、自分たちには組合結成のノウハウはないから、外部の組合に助けてもらう必要があるだろう。

わざわざ組合をつくらなくてもすむ方法もある。自分たちの仲間を過半数代表者に選ぶことである。「過半数代表者」。知っている人も多いだろうが、多少の説明も必要かもしれない。少し、読みづらくなることを承知で、要点だけを説明しよう。

労働基準法は、会社が就業規則の制定・変更を行う際には過半数代表者の意見を聴くこと（九〇条一項）、また一週四〇時間、一日八時間、週休一日という法規制を超えて時間外労働を会社が命ずる際には、過半数代表者との間で協定を締結すること（三六条一項）を求めている。後者がいわゆる三六協定と呼ばれるものである。この他にも過半数代表者と労使協定を結ぶことを求めている事項は多い※10。

もちろん、事業所で雇用され、働くすべての労働者の半数以上を組織している労働組合があれば、わざわざ過半数代表者を選ぶ必要はない。だが、次の二つの点に注意が必要である。一つめ。事業所であって、企業全体ではない。企業全体で過半数の労働者を組織していたとしても、ある事業所でそうでなければ、その事業所では過半数代表者を選ばなければならない。もう一つは、労働者にはパートタイム労働者、契約社員、臨時労働者が含まれることである。ただし、派遣労働者は含まれない。

では、過半数代表者をどのようにして選ぶのか※11。いわゆる管理監督者は過半数代表者にはなれない。つまり、人事部課長や総務部課長は過半数代表者にはなれない。過半数代表者を選出するということを明らかにし、そのうえで、全員が参加できる投票、挙手などの方法によって選ばれた者でなければならない。いつの間にか、組合の委員長が過半数代表者となっているというのは、法律的には認められない。

仕事や賃金などに不満を持った非正規労働者が自分たちの仲間を過半数代表者に選ぶ。自分たちの不満を、たとえば三六協定をおとりにして、解消することは可能だ。三六協定を締結しなければ、会社は時間外労働を命じることができず、業務は停滞しよう。三六協定を結ぶ代わりに賃金を引き上げろと求めたら、会社そして正規労働者の組合はどう対応するのだろうか。

●代表性の危機

今や少数派とは言えなくなった非正規労働者。彼らが仕事や賃金などの不満を解消するために、自ら立ち上がることはできる。独立の組合をつくるか、仲間を過半数代表者に選べばよいのだ。

正規労働者からなる企業別組合は、ライバルユニオンを抱えるか、あるいは少数派に転落する。いずれにせよ良好な労使関係を維持していくことは難しくなろう。代表性の危機である。そして、代表性が揺らげば、当然の結果として、集団的発言メカニズムは十分には機能しなくなる。

●危機の察知

企業別組合のリーダーたちはこの二つの危機を察知しているのだろうか。非正規労働者が増えていくことによって、彼らが職場の多数派になっていくことによって、集団的発言メカニズム、代表性の二つの点で自らが危機に陥りつつあることを、敏感に感じ取っているのだろうか。非正規労働者に積極的に働きかけている企業別組合は二割であり、この十年以上もその数字は変わっていないことを述べた。それからすれば、危機を敏感に察知しているリーダーたちは少数派であろう。多くのリーダーたちの危機意識のなさ、これが非正規労働者の組織化を阻む最大の壁である。

非正規労働者の組織化は彼らのためではなく、まずは自分たちのためなのだ。集団的発言メカニズムを十分に機能させ生産性を上げるために、代表性を取り戻し良好な労使関係を維持していくために、必要なことなのだ。

もちろん、非正規労働者を取り込んでいけば、彼らの労働条件も向上させなければならないし、雇用の面でもなんらかの配慮をしていかなければならないだろう。結果として、非正規労働者のためにもなる。だが、もう一度言う、まずは自分たちのためなのだ。危機を察知しないリーダーたちに率いられた企業別組合、ひいては企業そのものの将来は決して明るいものではないと私は思う。

＊　＊　＊

以下では、連合総合生活開発研究所が二〇〇八年に実施した「非正規労働者の組織化」調査に基づき、次のように議論を進めていく。非正規労働者の組織化に取り組み、成功した企業別組合が、どのようにして危機を察知し（第二章）、リーダーがどう決断し、内部を説得したか（第三章）、実際にどのような戦略を持って非正規労働者を組織化していったか（第四章）、どのような成果がもたらされたのか、そしてそこから学ぶものは何か（第五章）を論じる。

※1　労働組合員数については、一九九九年までは労働省大臣官房政策調査部『労働組合基礎調査報告』各年版、二〇〇〇年から二〇〇七年までは厚生労働省大臣官房統計情報部『労働組合基礎調査報告』各年版。正規労働者の組合員数は組合員総数からパートタイム労働者の組合員数を引いて算出した。

※2　組織率はパートタイム労働者組合員数を、総務省統計局『労働力調査』（各年六月）にある「就業時間が週三五時間未満の雇用者数」で除したものである。

※3　厚生労働省大臣官房統計情報部『平成一五年労働組合実態調査報告』。

※4　内訳は、準組合員としている（一・〇％）、組織化の方向で努力している（九・四％）、パートが加入している組織と連携している（〇・六％）であり、複数回答による重複を除くと、一一・一％になる。

※5　労働省大臣官房政策調査部『平成二年労働組合活動等実態調査報告』。

※6　原ひろみ、佐藤博樹「組合支持と権利理解」（中村圭介、連合総合生活開発研究所編『衰退か再生か：労働組合活性化への道』勁草書房、二〇〇五年、所収、四七 - 七〇頁）。

※7　中村圭介「縮む労働組合」（前掲書、所収、二七－四六頁）。

※8　未組織企業の組織化については中村圭介、佐藤博樹、神谷拓平『労働組合は本当に役に立っているのか』（総合労働研究所、一九八八年）、中村前掲論文などを参照してほしい。

※9　集団的発言モデルについては、フリーマン、R.B.、メドフ、J.L.（島田晴雄、岸智子訳）『労働組合の活路』（日本生産性本部、一九八七年）、および中村＝佐藤＝神谷前掲書を参照してほしい。

※10　過半数代表者からの意見聴取、過半数代表者との協定を定めた事項は、大内伸哉『労働法実務講義（第二版）』（日本法令、二〇〇六年）によれば次のようである（一六七－一六九頁）。労働基準法では「任意的貯蓄金管理」（一八条二項）、「賃金全額払いの原則の例外」（二四条一項但し書き）、「一ヵ月単位の変形労働時間制」（三二条の二第一項）、「フレックスタイム制」（三二条の三）、「一年単位の変形労働時間制」（三二条の四第一項）、「一週間単位の変形労働時間制」（三二条の五第一項）、「休憩の一斉賦与の例外」（三四条の二項）、「事業場外労働のみなし労働時間制」（三八条の二第二項）、「裁量労働制」（三八条の三第一項）、「計画年休」（三九条の五項）、「年休手当」（三九条の六項但し書き）があり、他にも育児・介護休業法の「育児休業申出の拒否」（六条一項但し書き）、高齢者雇用安定法の「定年後の継続雇用の導入」（九条二項）などがある。この他にも多いが、それらについては同書一七〇頁を参照してほしい。

※11　労働基準法施行規則六条の二による。なお、大内前掲書、一六九頁も参照してほしい。

第二章

危機の察知

一　集団の浸食

●組織概要

表1は調査対象となった一〇単組の業種、組織概要を示したものである。この表で「正規」とはいわゆる正社員のことであり、「非正規」とは正社員以外の労働者のことである。「非正規」には、パートタイマー（呼び名は企業により異なる）、準社員、契約社員、第二正社員、期間工、嘱託社員、臨時職員、非常勤職員、アルバイトなどが含まれる。ただし、クノールブレムゼジャパンだけは派遣労働者を指している。

●高い非正規比率

労働者総数の内訳をみると、いずれの組合でも非正規労働者がかなり多いことがわかる。中でも卸売・小売・飲食の四単組では非正規比率が特に高く、最低でも四割（小田急）、最高で九割（サンデーサン）にもなる。他方、製造業の二単組、矢崎総業とクノールブレムゼジャパンでは非正規比率は二割を切っている。しかし、製造部門に限ると非正規比率はぐっと高くなる。たとえばクノールブレムゼジャパンでは四割弱となる。

要するに、正規労働者から成る集団は非正規労働者たちによって浸食されつつある。業種を問わないし、また民間だけでなく公務もそうである。流通産業にいたっては、風前の灯火と言ってもよい状態にある。

　組合員総数の内訳をみても事情は変わらない。非正規の組合員がプレゼンスを高めている。ただ、ここでは次の三点に留意しておいてほしい。第一に、労働者総数と組合員総数を比較すればわかるように、非正規労働者のすべてが組織化されているわけではない。つまり、組織化にあたって一定の資

表1：10単組の組織概要

業種	名前	労働者総数	組合員総数
製造業	日本ハム	正規＝1,840人 非正規＝1,750人	正規＝1,740人 非正規＝1,420人
	矢崎総業子会社4社[1]	正規＝10,454人 非正規＝2,097人	正規＝5,910人 非正規＝1,116人
	クノールブレムゼジャパン[2]	正規＝157人 非正規＝派遣＝33人	正規＝131人 派遣労働者14人を正規に
卸売・小売・飲食	イオンリテール	正規＝18,000人 非正規＝89,000人	正規＝15,800人 非正規＝64,800人
	小田急百貨店	正規＝1,574人 非正規＝1,047人	正規＝1,248人 非正規＝840人
	ケンウッド・ジオビット[3]	134人。正規＝30% 非正規＝70%	113人。正規＝20% 非正規＝80%
	サンデーサン[4]	正規＝500人 非正規＝7,000人	正規＝420人 非正規＝3,500人
鉄道	広島電鉄	正規＝1,060人 非正規＝368人	正規＝1,023人 非正規＝125人
公務	八王子市	正規＝3,000人 非正規＝1,000人	非正規のみで321人
	市川市保育園	正規＝408人 非正規＝305人	非正規のみで88人

注：正規とはいわゆる正社員を指し、非正規は正社員以外の労働者を指している。
1）この他に派遣労働者が4,200人いる。
2）自動車部品・付属品製造業で、主として商用車のブレーキシステムを製造している。
3）携帯電話回線の販売を行う、いわゆる携帯ショップである。
4）各種レストラン・チェーンを展開する外食産業である。

格、条件などによって絞り込みが行われている。例外はケンウッド・ジオビットである。ここでは組合結成時に、すべての非正規労働者が組織化された。

第二に、クノールブレムゼジャパンには非正規の組合員はいない。これは派遣労働者を正規労働者化し、彼らを組合員としたためである。

第三に、市川市保育園、八王子市の場合には、非正規労働者による独立した組合がつくられている。正規労働者の組合に非正規を加入させたわけではない。

●三つのきっかけ

自分たちの集団が浸食されつつあるからといって、非正規の組織化に乗り出すわけではない。浸食を放置しておくことが自らの役割や地位を危ういものにすると気づかなければ、行動を起こすことはないだろう。非正規の組織化に乗り出した一〇単組のリーダーたちは、どのようなきっかけで、危機を察知したのだろうか。

経営の先行きに対する不安、職場が停滞、混乱しているとの認知、労働者代表としての地位が揺らぎつつあることの自覚、この三つがきっかけとなっているようである。

二　経営の先行きに対する不安

同業者の相次ぐ破綻——イオンリテール

九〇年代後半の不況は総合小売業界にも深刻な影響を与えた。低価格で売上を伸ばすという拡大戦略をとってきた総合スーパーも消費者マインドの大幅な冷え込みに打撃を受け、大手スーパーが相次いで破綻していった。

一九九七年には国内スーパーとしていち早く海外進出をしたヤオハンが多額の負債を抱えて倒産し、二〇〇〇年には業績悪化で長崎屋が、〇一年には経営破綻によってマイカルが倒産した。〇四年には、九〇年代後半から業績悪化が表面化していたダイエーが産業再生法の適用を受けることになった。西友も低迷が続く中、〇二年にアメリカのウォルマートとの包括提携を結ぶことになる。これらの一連の出来事はイオンリテールの労働組合にも大きな衝撃を与えた。他人事ではない、自分たちにも起こりうることであるという危機感が組合内部に広がっていったのである。

雇用を守る

イオンリテールの当時の委員長は次のように語る。

「本当に、僕自身が労働組合（委員長）として、口で偉そうに組合員の雇用を守る、労働条件の維持・向上と言っているけれども、企業がああなった（経営破綻した）ときに、本当に守れるのかどうか。……自分たちの雇用・労働条件を守っていくためには、企業が生き残っていかなければならない」（カッコ内は引用者による。以下、同じ。）

企業の存続と発展こそが基本である。企業別組合のリーダーの現実的で、かつ責任ある言葉であろう。では、そのために組合として何ができるか。

経営のチェック

真っ先に頭に浮かぶ答えは「経営をチェックする」。しかし、私はいつも不思議に思っているのだが、いったい、経営の専門家でもない組合のリーダーたちが具体的にどうやったら意味のあるチェックができるのだろうか。もちろん、組合員に悪影響が及ばないように経営計画、事業計画をチェックすることは可能であろうし、必要であろう。また、経営状態に関する情報を事前に入手し、組合として最善の対応を考える、これも必要であろう。

だが、経営者たちが取り巻く環境を踏まえ、不確実な将来動向を予測したうえで決定した経営戦略を、経営の専門家ではない組合がチェックすることなど可能なのだろうか。いや、その前に、そういう意味の経営参加などを実際に行っている組合はどのくらいあるのだろうか。

職場を良くする

後述するが、当時、リーダーたちは、経営危機だけでなく、職場の一体感の欠如、コミュニケーションの希薄化が会社全体に広がっていることにも気づいていた。

経営が悪化し、職場での一体感が失われていく中で、それに対応し、企業を存続、発展させるために組合として何ができるか。リーダーたちの決断は組合として「職場を良くする」運動を進めていくことであった。職場で起こるさまざまな問題を、関連する部署の組合員が集まり、話し合いをすることによって解決する（横割り車座討論会と呼ばれる）。あるいは、ライバル店を訪問、調査することによって、自らの店舗の業務運営の方法、自らの仕事のやり方などについての改善提案を行う（まるごと国内流通セミナーと呼ばれる）。これらを通じて「職場を良くし」、組合員の「生きがい、働きがい」を高める。その運動が結果として、会社が抱えている問題の解決につながり、組合員の雇用と労働条件を守ることになる。これがリーダーたちの判断であった。私なりの言葉を使えば、集団的発言メカニズムを機能させることによって、生産性を向上させようとしたのである。

わずかに二割

だが、大きな問題があった。この時点で、正規労働者比率は二割にすぎなかった。たった二割がいくら頑張って「職場を良くする」運動を進めても、限界がある。あとの八割を動員できなければ、有意義な結果は生まれない。言い換えれば、集団の浸食によって、発言メカニズムが有効に機能しない。こうして、イオンリテールの組合のリーダーたちは、集団的発言メカニズムの危機に気づくことになる。

企業不祥事——日本ハム

日本ハムの場合は、自社が起こした不祥事がきっかけとなる。二〇〇二年八月のことである。その前年の〇一年九月に、BSE（牛海綿状脳症、あるいは狂牛病）に感染した牛が国内で初めて確認され、政府は全頭検査、国産牛肉の買い取りなどの対策を講じた。その際、日本ハムの子会社が輸入牛肉を国産牛肉と偽り、不正に牛肉の買い取り申請を行っていた。翌〇二年の八月にその不正申請の事実と、親会社である日本ハムが事実の隠蔽をしていたことが発覚した。この事件で、偽装工作に関わった子会社役員が逮捕され、さらに日本ハムの創業者会長、社長も辞任に追い込まれることになった。

この事件をきっかけに、小売店から日本ハム商品が撤去され、売上も減少した。最終的に、〇三年三月期決算（連結）において、純利益が前期の四分の一にまで落ち込むことになった。

同じような不祥事を起こした雪印食品は、廃業に追い込まれている。そうした状況下にあって、組合、組合員に動揺が走るのは当然のことであった。雇用はどうなるのか、労働条件はどうなるのかという危機感が広がっていった。

日本ハムの組合役員によれば「他社の事例もあり、二度目はない。コンプライアンス経営をしないといけないという思いを強くした」、「このままでは会社、雇用が危ないという認識が広がった」。

イオンリテールの組合リーダーと同様、企業の存続、発展こそが基本だという認識である。それなくして、どうやって雇用、労働条件を守れるのか。

コンプライアンス経営

組合員たちは、錯綜する情報の中で不安を募らせていた。リーダーたちはただちに会社に団体交渉を申し込み、組合員の不安を解消するように求めた。同時に、職場における法令違反の把握と、もし違反があった場合には早急に是正するよう強く申し入れた。それればかりではない。会社が設置した企業倫理委員会にも従業員代表として委員長が参加している。

とにかく、法令遵守の体制をつくりあげ、「二度目」が起こらないようにしなければならない。それが組合の、そしてもちろん企業の目指すところであった。

現場の声を伝える

会社側には申し入れを行った。だが、企業不祥事を防ぐために、組合として何ができるのだろう、いや、そもそもこれまでに何ができていたのだろうか。こういう気持ちが、リーダーたちの胸の中に広がっていく。

組合として、日本ハムグループ全体の組織化を進め、現場の声を伝える力を強めることが、コンプライアンス経営を進めていくうえで不可欠ではないのか。そうした地道な活動を積み重ね、失われた信頼を回復していかなければ、企業の存続も、ひいては雇用や労働条件を守ることも難しいのではないのか。リーダーたちはこう考えた。

だが、足下をみると、日本ハムグループの主要企業でも労働組合がないところもある。日本ハム本体であっても、非正規労働者は従業員総数の半数近くを占め、非組合員のままである。いったい、これで「現場の声を伝える」ことができるのだろうか。集団的発言メカニズムの危機に気づいた瞬間である。

技能伝承の危機――クノールブレムゼジャパン

クノールブレムゼジャパンの組合は、製造部門で働く派遣労働者を正規労働者化し、自らの組合に加入させている。これまでの実績は二年間で一四人である。

製造部門で働いていた正規労働者は五〇人、派遣労働者は三〇人、非正規比率は四割であった。産別の非正規組織化方針もあったし、また製造部門で働く組合員からの声、「同じラインだと親しくなるし、なぜ正社員になれないのか」という声も、そうした取り組みに乗り出すことを後押ししたと思う。だが、私には、次のような危機感の方が大きかったようにみえるのだ。

この会社は商用車のブレーキシステムを生産している。製品の品質でクレームが出れば取引の継続にとって悪影響を及ぼすし、あるいはブレーキが原因で自動車事故でも起これば大問題になる。ところが、品質をつくり込むべき製造部門の「ものづくりの力」は落ちつつある。

会社再編の影響で、数年間、新卒は採用されていなかった。そのため二〇代の若い正規労働者はいない。代わりに、派遣労働者が現場に配置されている。この派遣労働者を育て、正規労働者にしていけば、若年層不足という問題は解決する。だが、派遣労働者は三年を上限に入れ替わる。派遣労働者だって、不満を持てば自ら会社を辞めていくだろう。その結果、現場の技能は伝承されず、「ものづくりの力」が落ちていくことになる。それは経営の将来にとって大きな不安材料である。技能伝承の危機である。リーダーはそう思った。

退出ではなく発言

派遣労働者のままでいれば、自らの意思に反して、あるいは自らの意思にそって、会社を辞める。言い換えれば退出という方法を選択する。それはこれまで述べたように、さまざまな費用を発生させる。そればかりではなく、技能伝承にもマイナスの影響を及ぼす。

これらのマイナスを防ぐために、彼らを集団に入れる。仕事や労働条件などに不満を持った場合でも、退出という選択をさせずに、発言のメカニズムを利用させればよい。費用は節約され、生産性は向上する。「ものづくりの力」も維持できる。技能伝承の危機を憂慮し、非正規労働者を集団に包摂することを決めたのである。

三　職場の混乱、停滞

惣菜売り場――イオンリテール

同業他社の相次ぐ経営破綻で、イオンリテールの組合が会社の先行きに対して不安を持ったことはすでに述べた。同じ頃、職場においてコミュニケーションの希薄化、職場環境の悪化が進行しつつあったことも、リーダーたちは感じ取っていた。それを示す格好の事例が、ある地方都市の関連会社の店舗における、惣菜売り場の売上の落ち込みである。

自分の店の惣菜売り場の売上が伸びない、落ち込んでいる。店長も売り場主任も原因がわからず悩んでいた。原因を探るために、ライバル店に出かけることもした。ライバル店で購入した惣菜を食べて、彼らはびっくりすることになる。味が違うのだ。自分の店で販売している惣菜とは違う。店の惣菜はどうやら地元の味ではないらしい。だから、売れないのだ。そう彼らは思った。

そして、パートに次のようにたずねてみた。「どうやらうちの惣菜は地元の味ではなかったらしいけど、それに気づいていた?」。パートはあっさり次のように答える。「当たり前じゃないですか。私たちはここで生活しているのですよ」。正規労働者は店舗を移動する。地域密着型ではない。だから、地元の味かどうかがわからなかったのである。

大きな溝

店長、売り場主任はなぜパートに相談しなかったのだろうか。あるいはパートは、原因がわかっているのに、なぜ言わなかったのだろうか。正規労働者は「なぜ、パートなんかに教えてもらわなければいけないんだ」と考え、他方、非正規労働者は「たずねられてもいないのに、あえて私たちが口出しするようなことではない。それに、私たちは日頃からそういう対応しかしてもらっていない。言われたことだけやって、給料をもらえたらいい」と考えていたというのが真相らしい。

正規と非正規の間に、大きな溝ができあがっていたのである。お互いに言いたいことを言えない、そんな停滞した雰囲気が職場をおおっていた。小売業では、こうした、風通しの良くない職場環境が売上にマイナスの影響を及ぼすことがよくあるそうだ。

一方、正規労働者の間にもモチベーションの低下がみられていた。業績不振が続き、食品売り場を中心に長時間労働、サービス残業が発生していた。さらに、年中無休、深夜までの営業などのため上司と部下が顔を合わせて話し合う機会が減っていた。長時間労働とコミュニケーション不足のために、正規労働者であっても働きがい、仕事のやりがいが徐々に感じられなくなっていった。組合リーダーたちはそう感じていた。

正規と非正規との間にある大きな溝、正規労働者のモチベーションの低下、これらの問題を解決し、かつ、経営不安を乗り切るために組合が考え出したのが、前述した「職場を良くする」運動であった。そして、それを効果的に進めるためには、八割を占める非正規を集団に巻き込み、集団的発言メカニズムを十分に機能させる必要があった。

重なりと曖昧さ——小田急百貨店

小田急百貨店では非正規労働者が量的に増えるだけではなく、従来、正規労働者が担っていた業務にまで進出するようになっていた。正規労働者が減少していく中で、仕事の一部を非正規労働者に移していかざるをえなかった結果である。いわゆる「非正規の基幹化」が進んでいた。それにともない、正規労働者と非正規労働者の業務が重なり、その境界（棲み分け）が曖昧になっていった。業務・役割分担についての認識ギャップもみられるようになる。たとえば、非正規労働者から「これは正規労働者がやるべき仕事でしょう。私たちの責任ではない」というような声があがる。

業務の重なり、棲み分けの曖昧さは職場に混乱を生じさせる。もちろん、会社もそうした状況に気づき、二〇〇六年には業務構造の見直しを始める。しかし、徹底されるにはいたらなかった。組合には正規労働者の組合員から、部門や職場ごとに、管理職の業務命令、指示が異なっているという苦情もさかんに入ってくるようになった。

低くはない離職率

基幹化しつつあったとはいえ非正規労働者全体の離職率は低くはなかった。正規労働者にとってみれば、抜けていく非正規労働者の穴を埋め、かつ新しい非正規労働者の訓練をしなければならない。訓練をするからといって、自らの仕事で手を抜くわけにもいかない。正規労働者にかかる負担は重く、組合にはその軽減を求める訴えが届くようになる。

離職率を低下させるためには、非正規労働者にとっても働きやすい職場をつくっていかなければならない。非正規にとっても魅力的な会社、職場である必要がある。

企業力の向上

職場の混乱を解消し、非正規労働者の離職率を下げ、生産性を向上させていくために組合として何ができるか。組合役員によれば「当社においても、存続していくために、働く従業員の環境整備をしていかないと、企業力も上がっていかないだろう」。一人ひとりの仕事のやりがい、働きがいを高めていくことが「企業ロイヤリティの向上」に結びつく。

小田急百貨店の組合リーダーたちは、イオンリテールのリーダーたちと同じように次のように考えた。職場の問題を自分たちで解決していき、働きがい、生きがいのある仕事、職場をつくっていく必要がある。組合員たちの声を活かして、労働条件、職場環境を改善していく。それが、結局は企業力の向上につながる。

だが、全体の四割を占める非正規労働者を蚊帳の外においては、成果にも限りがある。また、彼らの声を吸い上げる仕組みのないままでは、離職率を下げることは難しい。

要するに、正規労働者だけの集団的発言メカニズムでは、その機能を十分に発揮はできない。非正規を集団に取り込み、集団的発言メカニズムを再構築する必要がある。これがリーダーの決断であった。

就業規則の一方的変更――サンデーサン

サンデーサンで非正規労働者の反乱が起こったのは二〇〇三年のことである。会社がパートの就業規則の一部を変更し、時給の年齢給部分と年間一〇万円の賞与を廃止することを決める。組合（当時は正規労働者だけの組合であった）としては、一方的な労働条件引き下げは好ましくないと反対意見を述べた。だが、パートは組合員ではなかったため、それ以上のことはしなかった。その結果、当初案どおりに、就業規則の改定がなされた。

変更通知を受けた非正規労働者から、組合に苦情の電話がかかってくるようになった。店の休憩室に貼られていたカレンダー（組合が作成していた）に組合事務所の電話番号が掲載されていたからである。苦情の電話は毎日のようにかかってきた。

電話は非正規からだけではなかった。正規の店長からもかかってきた。「組合としてなんとかできないのか。パートさんが（時給も賞与も下がるならば）辞めると言っている」。実際に、ベテランのパートが辞めて、しばらくの間、店舗運営に支障が出た店もあったという。

店長とのトラブル

電話による苦情はその後も続く。内容も、就業規則変更にとどまらなくなる。最も多かった苦情は店長とのトラブルであった。新しい赴任先で、人間関係を築く前に命令口調で非正規に指示を出したり、実際には非正規労働者の方が店の実情をよく把握しているにもかかわらず、意見を十分に聞かずに、間違った指示を出したり、あるいは頭ごなしに押さえつけるとかもあったようである。

背景には、店舗の急拡大により、店長の育成が追いついていなかったことがある。以前であれば、店長になるためにはさまざまな経験を積むことが前提となっており、一定期間の修業が必要とされていた。しかし、急拡大により、店長としての力量が十分には備わっていないまま、入社して二、三年で店長になってしまうことが常態化していたのである。新米店長とベテランパートという構図である。若き店長の気負いが裏目に出てトラブルが頻発したということであろうか。

レストランなどの場合、労働者間の人間関係が悪いと、店の雰囲気がなんとなく悪くなり、客足が自然と遠のき、売上の減少に結びつくということが起こるそうである。売上の減少は、人間関係を悪くすることはあっても、良くするようなことはない。こうして悪循環が続く。

後述するように、同じ時期に会社が非正規労働者の不当解雇事件で敗訴するということもあって、非正規労働者に発言の場、苦情を言う場を設ける必要があることをリーダーたちは痛感するようになる。非正規労働者を集団的発言メカニズムに組み込むことの必要性である。

定数削減――市川市保育園

行政改革の中で各自治体には定数削減が強く求められている。総務省の指示、指導もあるし、議会も強く迫る。実は、日本の公務員数は先進諸国の中ではかなり少ない※1。にもかかわらず、定数削減が強く求められる。なぜ、そうなのかという問いは、十分考慮するに値する問いである。だが、ここでの課題ではない。指摘するだけにとどめざるをえない。

正規労働者の定数が削減され、それとともに業務量が減れば問題ない。だが、業務量は減らずに、あるいは逆に増え、他方で定数が削減されると、与えられた業務を従前どおりにこなすことはできない。そのために、臨時、非常勤、嘱託などの非正規労働者が増えていく。彼らは定数には含まれず、削減の対象とはならないからだ。正規の定数が削減され、代わりに、非正規が増えていく。

市川市でもそれから後に出てくる八王子市でも事情は同じである。一九八〇年時点では市川市では非正規はゼロであったが、現在では一、五〇〇人近くになり、正規労働者を含めた市川市全体の職員数(五、〇〇〇人)の三割を占めるまでになっている。前出表1でもわかるように、二四の公立保育園でも事情は変わらない。

高い離職率と高まるニーズ

非正規労働者は地方自治体に勤めているとはいえ、有期契約という不安定雇用であり、退職金制度もなく、昇給制度もなく、労働条件は正規のそれよりも低い。仕事や労働条件に不満を持つのも当然かもしれない。不満が募り我慢できなくなったら、解消方法は退出しかない。集団的発言メカニズムはないからだ。だから労働条件を理由に、保育園を辞めていく非正規労働者は後を絶たなかった。

退出は、これまで繰り返し述べたように、さまざまな費用をもたらす。後に残る正規、非正規労働者も、後始末のためのコストを負担しなければならない。

他方、保育園も開所日の増加、延長保育など利用者のニーズは高まり、これらに応えていく必要がある。それなのに非正規の離職率は高く、せっかく一人前に育てても辞めていってしまう。それは保育園全体にとってマイナスである。正規労働者にとっても当然、マイナスである。

もちろん、公務の場合、民間のように生産性が低下し、売上が落ち、利益が減るというようなことはない。だが、住民サービスの質は確実に低下する。それを防こうと思えば、正規労働者がその分頑張らなければならない。正規の負担が増えることになる。

賃金労働条件の改善

こうして、市川市職員組合と自治労千葉県本部は共に、保育園に勤める非正規労働者の賃金労働条件の改善に取り組む方針を決めるのである。方針は三つからなり、正規化、賃金労働条件の改善、そして組織化であった。ただ、この場合の組織化は正規労働者の組合に加入させることではなく、非正規の組合をつくることであった。いわば、非正規に自分たち独自の集団的発言メカニズムをつくらせようとしたのである。その成果は、当然のことであるが、正規労働者にも及ぶことになる。

四　代表性の揺らぎ

過半数を占めない事業所――日本ハム

日本ハムの組合が、企業不祥事を契機に、集団的発言メカニズムの危機に気がついたことは前述した。もう一つ、代表性の危機からも非正規労働者の組織化の必要性を感じ取ったのである。

過半数代表制の仕組みについては前章で述べた。事業所に雇用されている労働者（臨時社員、パート、契約社員、嘱託社員などの非正規労働者も含む）の過半数を代表する労働組合があればよい。なければ、きちんとした手続きを踏み、プロセスを公開したうえで、過半数代表者を投票、挙手などの方法で選ばなければならない。そうして選ばれた過半数代表者でなければ、三六協定などの労使協定を締結する労働者側の当事者になれない。

ところで、日本ハムでは、労働組合が過半数の労働者を組織できていない事業所もいくつかあった。特に問題が生じたというわけではない。支部長が過半数代表者に立候補し、選挙で選ばれていた。しかし、組合内部では「このような状態が続いていくことは問題ではないのか。他から立候補があった場合はどうするのか」という声もあった。

こうした懸念が広がっていったのは、非正規労働者が自らの代表を選ぶかもしれないという直接の恐れがあったからだけではない。会社内にある、もう一つの組合の存在もまた日本ハムの組合に危機意識をもたらしたのではないか。私はそう思うのである。

現在の組合の前身は、一九六八年の組合分裂によって結成された「日本ハム労働組合革新連盟」である。現在では、正規労働者の大多数を組織しているが、依然として別組合が存在している。また、分裂当初から熾烈な闘争を繰り広げてきた歴史的経緯があり、職場における多数確保の重要性は常に意識されていた。

非正規労働者が自らの代表を選ぶかもしれない。あるいは、もしかすると、もう一つの組合が影響力を持つようになるかもしれない。こうした事態を恐れたのではないか。私にはそう思えるのだ。いずれにしても、代表性の危機である。

コンプライアンス

そうした恐れとともに、コンプライアンスの観点からも非正規の組織化が求められた。企業不祥事に対して、組合は会社に法令遵守を強く迫った。だが、ひるがえって我と我が身をみると、過半数を取れていない事業所がある。そのままでは「会社に法令遵守を求める自分たちが、労働基準法に書かれていることを守れていないことになる」。自分たちにも法令遵守の義務がある。そのためには、非正規を組織化し、組合として過半数を取らなければならない。

中央集権化とグループ労連——ケンウッド・ジオビット

ケンウッド・ジオビットは、非正規労働者による非正規労働者の組織化という珍しいケースである。そこにいたる前提として次の二つをみておく必要がある。一つは会社側の経営スタイルの転換と、それに対応するための組合のグループ化である。

ケンウッドは日本を代表する音響機器メーカーであるが、二〇〇一年九月期決算（連結）で債務超過に陥り、翌〇二年には、かつてない業績悪化により生え抜きの経営陣が一新されるという構造改革が断行された。株主重視の経営スタイルへの転換であった。転換にともない、子会社社長の決裁権は大幅に縮小され、権限は本社に集中されるようになった。

一方、労働組合はグループ各社単位で組織されており、それまでは、グループ全体で緩やかな協議会（ケンウッド関連労働組合協議会）が組織されているだけであった。権限が本社に集中されることになれば、子会社単位の労使関係で決められる事項は限られてしまう。会社側の中央集権化にみあう体制を労働組合としてもつくり出さなければ、労働組合の発言力は弱体化する。リーダーたちは危機感を募らせた。

そのため、〇四年七月の第三九回定期大会でグループ労連化の方向が確認され、九月の臨時代議員会で労連結成の機関決定が行われ、一二月にケンウッド・グループ・ユニオン（KEGU）が設立されることになった。それにともない、子会社単位の組合は支部へと編成替えされた。

非正規七割

ケンウッド・ジオビット社が設立されたのは八九年。現在一三四人いる労働者のうち三割が正規労働者、残りの七割が非正規労働者である。正規労働者のほとんどはケンウッド本社からの出向者である。

新しい経営陣によって、出向者を全員転籍にするという提案が〇三年一〇月に示された。出向者であればケンウッド本社の組合員であるが、転籍になると組合員ではなくなる。そのためジオビット社にも組合をつくる必要が出てきた。だが、どこまでを組織範囲としたらよいのか。

転籍者だけの組合と非正規も含めた全労働者による組合という二つの考えが執行部内にあった。それぞれの言い分は次のようである。「正規と非正規とでは利害が一致しないのではないか。非正規は組織化を望んでいないのではないか。非正規を一緒に組織化するのは無理ではないか」、これが前者である。後者は「正規、非正規が別々の組合では過半数代表の意味合いが薄れる。自分たちで垣根をつくるのは時代の流れに逆行することではないか。ハードルを越えていく努力をすべきだ」との主張である。

非正規が七割を占めていることを考えれば、正規だけの組合をつくっても過半数代表者の要件は満たさない。そうなれば、きちんとしたプロセスを経て、公開のもとに過半数代表者を選ばなければならない。結果として、正規だけの組合の委員長が選出されるとは限らない。しかも、会社側の中央集権化に対抗するために、組合はグループ労連化しようとしている。三割しか組織しない組合があることは、グループ労連それ自体の足下を掘り崩すことにもなりかねない。後者の論理はこのようなものである。

二つの揺らぎ

ケンウッド・グループ労連は、このとき、二つの意味で代表性の危機に直面していた。一つは、ケンウッド・ジオビットにおける危機である。もし、三割の正規労働者だけで組合を結成するならば、代表性は初めから揺らぐ。さらに、もしここで代表性が揺らげば、グループ労連全体としても発言力は低下する。

ケンウッド・ジオビットの組合結成に関する議論は、結局、後者の主張が大勢を占めるようになる。七割の非正規を含めた組織化である。

不当解雇――サンデーサン

就業規則の一部変更によって非正規労働者からの苦情が殺到したこと、苦情は就業規則にとどまらず店長とのトラブルにまで広がっていったことは前述した。ちょうどその頃、会社にとっては次のようなショッキングな出来事も生じた。

以前解雇した非正規労働者がサンデーサンの組合の上部組織とは異なる産別に駆け込み、不当解雇反対の裁判闘争を起こしていた。この裁判で会社側が事実上敗訴するという事態が起こったのが、苦情の殺到していたこの時期であった。会社側はこの事態を深刻に受けとめた。組合も同じように受けとめたであろう。就業規則の一部変更をきっかけに、非正規労働者が別の組合に駆け込むかもしれない。あるいは外部の組合が非正規に積極的に働きかけてくるかもしれない。それは現にある組合の代表性を揺るがし、労使関係を混乱させるであろう。こうして、組合のリーダーたちは、会社とともに、代表性の危機を察知したのである。

組織防衛――矢崎

矢崎グループは、本社機能を持つ矢崎総業と生産子会社である矢崎電線、矢崎計器、矢崎部品、矢崎資源の四社からなる。労働組合は本社以外の四つの子会社を組織している。労働組合は単一組織で、本部と一二支部からなる。

非正規労働者はこの一二支部のすべてにいる。このうち一支部だけは、以前より非正規労働者を組織化していた。ここでは、非正規労働者を加入させなければ、過半数代表とはならなかったからである。

二〇〇三年に非正規の組織化提案を執行部が行ったが、なかなか支部の同意を得ることは難しく、二年で断念する。〇五年に再度、執行部はこの問題を取り上げ、組織対策専門委員会を立ち上げ、そこから非正規の組織化が本格的に議論され、最終的に非正規約九〇〇人の組織化という成果をあげることになる。何が、リーダーを後押ししたのか。

一つは、連合、上部団体の非正規組織化方針である。だが、もっと重要な要因は組織防衛をしなければという思いであった。

七不思議

矢崎の組合の七不思議の一つは、第二組合がないことだそうである。なぜ、それが不思議なのかは、詳しく歴史を調べていないので、私にはわからない。だが、組合自身はそう考えている。

非正規の組織化に取り組む以前に、派遣労働者とのトラブルがあったという。この派遣労働者が他の組合に駆け込み、その組合が矢崎総業本社前で座り込みをし、問題解決を求めた。ここでも詳しい事情はわからない。だが、この事件が組合リーダーたちに衝撃を与えたことは事実である。

矢崎が雇用する労働者を戦闘的な労働運動に向かわせない。言い換えれば、外からの侵入を防ぐ。他方、組合のルートが使えないために、やむをえず、内部告発に向かってしまうようなこともさせたくない。内からの蚕食も防ぐ。リーダーたちを強く押したのは、外と内の両面での組織防衛の必要性であった。

代表性が実際に揺らいでいたわけではない。だが、その危険があった。それを防がなければならないという思いが、リーダーたちをして非正規の組織化に取り組ませた。

契約社員制度の導入――広島電鉄

広島電鉄のケースでも、実際に、代表性が揺らいだわけではない。ただ、そうした可能性はあった。そして、それは組合内部に混乱を招く恐れがある。だから、非正規を組織化した。こういう、やや特殊な事例である。事の発端は契約社員制度の導入である。

広島電鉄に契約社員制度が導入されたのは二〇〇一年七月のことである。契約期間は原則一年。ただし、会社が認めた者は契約更新が可能。給与は固定給で、昇給制度はなく、賞与は一二ヵ月、契約更新時には一〇万円の再契約金を支給というものである。月額給与だけを比較すれば、勤続一〇年未満の正規労働者よりも高いが、ボーナス、雇用保障などを含めて考えれば、労働条件はやはり正規労働者よりも劣る。

契約社員制度導入の背景には、その頃、バス事業の規制緩和がひかえており、新規参入事業者との競争に備える必要があったことがある。この他、会社はすでに山間部路線の休止、廃止などの合理化も進めており、同制度の導入はこうした合理化の一環であった。

他方、定年退職者が増えており、職場は慢性的な要員不足という状態にあった。この不足を補う必要があったが、「正社員は雇用したくない」「低コストの要員ならば補充してもよい」というのが会社の本音だったようだ。

組合の反応

この時期における組合の最優先課題は要員補充であった。完全週休二日制であるが、週に少なくとも一回は休日出勤が求められ、有給休暇を申請しても、代替要員の都合がつかず時季を変更されることもよくあった。契約社員制度そのものへの反対は、組合にはなかったようである。逆に「早く要員不足を解消してほしい」「早く正式に（契約社員の）募集を始めてくれ」という声が強かった。

ただ、一般組合員には「契約社員を組合に入れてほしい」というようなムードがあり、また「採用したら、登用制度をつくってあげるべきだろう」との声も強かった。

ユニオン・ショップ協定

組合は会社との交渉で登用制度の導入を求めたが、「今の段階では（導入を）こらえてもらいたい」と拒否される。会社側としては、募集、採用の状況をみたうえで判断したいということだった。そこで、組合は「最低限、労働組合に組織させてもらう」と切り返し、会社はそれに応じた。こうして契約社員制度導入と同時に、契約社員を組合員とするユニオン・ショップ協定が締結されたのである。

■分裂の歴史

組合がユニオン・ショップ協定の締結を強く主張し、会社がそれに同意したのは、三〇年以上にもわたる組合分裂時代の苦い経験があったからである。リーダーは次のように分裂時代を振り返った。

「組合が違うというだけで『口をきくな』と言われた。食堂に行っても、座る場所が組合ごとに決まっていた。新入社員が入ると悲惨な状況だった。二つの組合で引っ張り合いが行われる。社員寮に入った途端、その晩から説教が始まる。先輩から『ハンコを押せ』と言われてしまったら、ハンコを押してしまう。職場に配属されて、同じ組合の人が多い職場であれば問題ないが、反対の組合の人ばかりだと組合を変わらなければならなかった」。

経験したものでなければ、その悲惨さはわからないだろう。ただ、同じ広電の従業員たちが、毎日のようにいがみあっているという状況はやはり尋常ではない。分裂当時を知らない若い労働者にとっては、何が何だかわからないまま、ケンカのまっただ中に放り込まれたという感じではなかったろうか。だが、八〇年代末には統一のムードが出てくる。

「組織統一のきっかけは、それぞれの組合トップの交代だった。トップが代替わりして融和的な雰囲気が出てきた。同時に、当時、会社の対外対応能力が極端に落ちてきていて、組合内部にも統一しなければならないという気運も次第に出てきた。連合の発足という大きなうねりも影響したと思う。統一後は、予想以上に仲良くなった」。

危機の回避

もし、契約社員が入り組織されないままであれば、外部の組織が彼らを取り込み、介入してくる恐れがある。それは、あの苦い分裂時代の再来である。それだけは避けたい。リーダーたちはそう思い、一般組合員たちもそれを支持した。代表性が揺らぎ、いがみあいの時代が再来することを恐れたのである。

正規職員主義からの転換――八王子市

八王子市の組合は、自治労の中でも活発で先進的な取り組みをしている組織として有名である。以前より、反合理化闘争、職員増闘争の拠点の一つであった。八〇年代に八王子市でも人口増にともなう業務量の拡大に対応するために、正規労働者だけでなく非正規労働者も大幅に雇用するようになっていた。それでも組合は、自治体職員は正規でなければならず、非正規は認めない、という原則を堅持していた。

だが、八〇年代末から、この原則に対する懐疑が徐々に生まれてくる。すでに、非正規労働者は増え、他方で民間への業務委託も進んでいた。この背景には八王子市の財政状況の悪化という要因もあった。このまま放置すると財政破綻が予測されるまでに来ていた。こうした状況に置かれて、反合理化闘争、正規職員増闘争という自らの姿勢に対して「どうもこれでは解決しない」「世の中の流れと自分たちのやっていることは合っていないんじゃないか」とリーダーたちが感じるようになるのである。

組合が原理原則を堅持している一方で、現実は、民間委託が増え、非正規が増えるというように変わっていく。自分たちは反対だと唱えているだけで、こうした変化に有効に対応できていない。いわば独りよがりの運動になってはいないか。おそらくは、こうした考えを持ったのではないだろうか。

社会の阻害要因

八王子市の組合は、当時も先進的な組合であったし、今もそうである。「労働組合は世の中の流れの先駆けであり、労働組合運動が社会を良くするんだ」、そう思うリーダーたちが引っ張っているからである。だが、八〇年代末の状況は、世の中の動きがみえないまま、それまでの原理、原則を大事に守っているだけのようにみえた。いつの間にか、自分たちのことだけを考えるようになり、場合によっては「社会の阻害要因」になっていると自覚するのである。こうして正規職員主義を放棄し、臨時・非常勤など非正規労働者の組織化、業務委託先で働く労働者たちの組織化へと向かう。

いつの間にか代表性が揺らいでいた。にもかかわらず、昔ながらの代表性にしがみついていた。そのことに気づき、非正規労働者、民間の公共サービス事業で働く労働者たちを含んだ、新たな代表性を確保する、このように方針を転換したのである。

五　まとめ

●集団の浸食と危機の察知

正規労働者だけからなる集団は、非正規労働者によって浸食されつつある。それを放置したままにしておけば、自らの役割や地位は危ういものになる。リーダーたちが、その危機を察知するきっかけは、経営の先行きに対する不安、職場が停滞、混乱しているとの認知、労働者代表としての地位が揺らぎつつあることの自覚の三つであった。

●集団的発言メカニズムの危機

経営の先行きに対する不安を抱き、あるいは職場が混乱、停滞していると認知したリーダーたちは、それらを克服するために、組合として何をすべきかを真剣に考える。そこで初めて、浸食されつつある自分たちの集団だけでは、現状を変えられないと悟るのである。集団的発言メカニズムが危機に瀕していることを察知するのである。

不満を抱きながら働き続ける非正規労働者がいる。彼らは経営や人事管理の不備について発言しない。日常的に職場で起こっている問題についても発言しないし、解決策を提案するわけでもない。正規労働者に対して、気楽に意見を言い、協力して仕事に取り組んでいくこともない。職場の雰囲気は停滞し、みんな生き生きと働かなくなる。

不満に我慢できずに離職する非正規労働者がいる。それにともないさまざまな費用が発生する。目にみえる費用ばかりではない。人事担当者は本来ならば違う仕事ができた時間を、代わりの非正規労働者を募集、採用するために割かなければならない。新人の非正規労働者に仕事を覚えてもらうためには、職場のベテランが、自分の仕事をせずに、その人を教えなければならない。非正規労働者が突然辞めれば、職場の同僚たちが代わりの非正規が来るまでの間、穴を埋めるために、自分たちの仕事以外の仕事をしなければならなくなる。費用の多くは正規労働者が負うことになろう。

集団的発言メカニズムが危機にあれば、こうした事態を回避することはできない。そして、そのマイナスは浸食されつつある正規労働者の集団にふりかかる。事態を乗り越えるためには非正規労働者を集団に取り込み、集団的発言メカニズムを十分に機能させるようにする必要がある。

●代表性の危機

今や、非正規労働者が少数派とは言えなくなった。このことはすぐにわかる。だが、この事実が代表性の危機をもたらすかもしれないという自覚にはストレートにはつながらない。リーダーたちの多くは、事態の深刻さに気がつかない。

非正規労働者が仕事や賃金などに不満を持った場合、それらを解消するために自ら立ち上がることはできる。独立の組合をつくるか、仲間を過半数代表者に選べばよいのだ。正規労働者からなる企業別組合は、ライバルユニオンを抱えるか、あるいは少数派に転落する。いずれにせよ良好な労使関係を維持していくことは難しくなろう。この可能性、いやリスクといってもよいかもしれないが、それになかなか気づかない。

これまでにみたように、代表性の揺らぎを危機だと察知したリーダーたちは、非正規の組織化に取り組む。そして、新たな代表性を確保する。その結果、集団的発言メカニズムの危機も去っていく。

●自分のために壁を壊す

前述した三つのきっかけのうちのどれかで、二つの危機のいずれか一つあるいは両方を察知する。そうしたリーダーたちが、自分たちのために非正規の組織化に乗り出す。ここが重要である。非正規労働者のために、組織化に乗り出すのではない。あくまでも自分たちのためなのだ。もちろん、非正規を組織化することによって、他でもない非正規自身にも組合活動の果実はもたらされる。また、そうでなければ、わざわざ組合に加入しようとはしないだろう。だが、正規労働者の集団からみれば、発端は、まずは自らの危機に対処するためなのだ。

一〇単組の事例研究をすることによって、私は、初めてこの真実を学んだ。企業別組合による非正規の組織化を促すものは、自らの役割、地位が非正規によって脅かされつつあるとの危機意識にある。リーダーがその危機を察知するか否かが分岐点である。危機を感じ取れないリーダーの多くは、非正規の組織化に乗り出すことはおそらくない。彼らの前には、高く厚い壁が立ちはだかっている。けれども、そのことにさえ気がつかない。

最も重要なことは、この危機を察知することである。いかに多くのリーダーに危機を察知させるかである。この壁さえ壊せば、あとは、乗り越えられる。もちろん、次々に壁は目の前に立ちふさがるけれども、なんとか努力すれば壊せるほどのものだと思う。

●あまりにも正しい

誤解を恐れずに言い放ってしまえば、これまでの非正規の組織化は、救う対象としての非正規のためであった。少なくともそういう議論が多かった。あるいはほとんどであった。弱い立場にいる者を救う。企業別組合は自分たちのことだけを考えていないで、そうした立場にいる労働者のことも考えるべきだ。だから、組織化すべきである。連帯、友愛、正義を忘れてはならぬ。

そうした主張は言うまでもなく正しい。誰も反論などできない。私としても、そうした考えこそが労働組合運動の基底にあるべきだと思う。高邁な理念を忘れた運動など、どんな人の心も打たず、シンパシーも得られない。

けれども、私は次のように思うのだ。これらの主張はあまりにも正しすぎて、あまりにも美しすぎて、実際に現場で苦労している人びとの心には届かない。彼らを動かすまでにはいたらない。そうした現実を踏まえつつも、理想を語る。これこそが重要なのではないかと。

●みえざる手

ここまで文章を書いてきて、私には、経済学の祖、アダム・スミスの次のような言葉が思い浮かんできた。

「自分自身の利益を追求することによって、彼はしばしば、実際に社会の利益を推進しようとするばあいよりも効果的に、それを推進する。公共の利益のために仕事をするなどと気どっている人びとによって、あまり大きな利益が実現された例を私はまったく知らない。」※2

※1　中村圭介「多すぎるのか、それとも効率的か――日本の公務員」（日本労働研究雑誌第五二五号、二〇〇四年、一八‐二二頁）を参照してほしい。

※2　アダム・スミス（水田洋監訳、杉山忠平訳）『国富論（二）』（岩波書店、二〇〇〇年）三〇四頁。

第三章

異論と説得

一　二つに分かれる反応

危機を察知したリーダーたちが非正規労働者の組織化を決断する，次に彼らがしなければならないのは、執行部そして一般組合員の説得である。一〇単組の事例をざっと眺めると、説得が比較的順調に進んだケースと異論が出たケースとに分かれる。

比較的順調に進んだとみられるのは、イオンリテール、小田急百貨店、広島電鉄である。正確にはわからないが、市川市もこちらに含められそうである。他方、異論が出たのは日本ハム、サンデーサン、クノールブレムゼジャパン、ケンウッド・ジオビット、矢崎である。そしておそらく八王子市も異論が出たと思われる。

本章ではこれらのうち、市川市、ケンウッド・ジオビット、八王子市を除く七つを取り上げる。市川市については、組織内の合意をとることは容易だったのではないかと推測されるが、その詳細はわからない。他方、ケンウッド・ジオビットについては消極派と積極派に分かれていたこと、最終的には消極派が説得されたことについては前章ですでに触れた。八王子市についても詳細はわからないが、ただ、反合理化闘争、正規職員主義の拠点であったという歴史を転換するのはさほど容易ではないと推測され、事実、執行部の決断から組織内での承認までに

二、三年かかっていることなどから、少なくない異論が出たと思われる。

二　順調なケース

前向きな反応――小田急百貨店

小田急百貨店では非正規労働者の組織化をめぐる執行部内での議論は二〇〇七年春闘後から始められ、七月には中央執行委員会で組織化の方針が決定されている。およそ三ヵ月で執行部内の意思が固まっている。その後、各支部の執行委員や職場委員たちへのヒヤリングが行われた。

このヒヤリングで支部の執行委員、職場委員たちからは、非正規労働者は「雇用の不安感」があり「いろんなかたちで守られていない」ため組織化すべきであるというような意見が出され、大きな反対はなかった。他方、一般組合員は、非正規労働者の組織化それ自体に対する関心はさほど高かったわけでもなかったが、異論は特になかった。

二つの事情

こうした前向きな反応は次の二つの事情によっていたと考えられる。一つにはすでに非正規労働者の一部（二五〇人）を組織化しており、彼らと未組織のままでいる非正規労働者（七〇〇人）を区別する明確な理由がなかったということである。二〇〇七年春闘で小田急百貨店の組合は、すでに組合員であった非正規労働者（パート）の時給一〇円アップを要求する。要求案をまとめる過程で、議論は未組織のままであった非正規労働者の取り扱いをめぐるものへと発展していった。いずれも一年契約の有期雇用で仕事の内容は同じ。違いは労働時間の長さだけ。結局、差をつける明確な理由がみつからず、未組織の非正規労働者の時給に関しても一〇円アップを要求することになった。組織化の議論はこの延長線上で行われたから、支部の執行委員や職場委員たちの前向きの反応はいわば自然の成り行きであった。なお、一〇円アップの要求に対しては、満額回答が示されている。

もう一つの事情は、一般組合員も、非正規労働者の組織化による負担の軽減を強く求めたということである。前述したように、正規と非正規の間での業務の重なり、棲み分けの曖昧さなどによって職場は混乱していた。また非正規労働者の離職率も低くはなかった。こうしたことから正規労働者の仕事量は多くなり、負担も増えていた。正規労働者たちは、非正規労働者の組織化と労働条件改善によって仕事量も負担も軽減されるものだと考え、組織化を支持したのである。

一年をかけた議論——イオンリテール

イオンリテールでは非正規労働者の組織化については、執行部内でいろいろな意見が出たが、委員長の強いリーダーシップもあって、働く仲間みんなで「職場を良くしていく」という考えでまとまった。前章で述べた「職場を良くする」運動はすでに開始されており、「まるごと国内流通セミナー」に非正規労働者の一部も参加していたことも、執行部内のスムースな合意に寄与していよう。このようにイオンリテールの組合執行部内での合意にはさほど時間はかかっていない。だが、組織化方針を正式に決定するまでには一年近くを要している。

組織化を具体的にいかに進めるかについて慎重に議論を重ねたために、一年もの時間がかかってしまったのだ。とにかく組織化対象人数がすごい。六四、〇〇〇人である。これに対し、実際に、非正規労働者個々人に会って説得することが期待されていた支部役員は五〇〇人。単純計算で、支部役員一人が一二八人の非正規労働者に会い、時間をかけて説得することになる。ましてや初めてのことであるし、うまくいくかどうかの自信もない。だから慎重にも慎重を重ねる必要があったのだ。結局は、後述するように非正規労働者を労働時間と資格で四つに分類し、段階的に組織化を進めていくこととするのである。

分裂の苦い思い出――広島電鉄

契約社員制度の導入に対して、広島電鉄の組合執行部は反対したわけでもないし、一般組合員も反対していたわけでもない。要員不足の解消を強く求めたからである。そして、彼らを組合員にすることについても反対があったわけでもない。むしろ、ユニオン・ショップ協定を結び、非正規労働者を組合員にしてもらいたいというムードの方が一般組合員には強かった。何よりも、分裂時代の苦い思い出があるからである。

三　異論が出たケース

派遣労働者の正規化方針――クノールブレムゼジャパン

クノールブレムゼジャパンの組合は二〇〇五年に上部団体の非正規の組織化方針を受けて、派遣労働者の正規化についての議論を開始した。派遣労働者を正規労働者として採用し、組合員にしようというのである。この方針について、クノールブレムゼジャパンの組合執行部内で議論が大きく割れたというようなことはないようだ。これによって不足する若手を補充し、ものづくり力を回復させ、技能伝承を図るということについての合意は比較的スムースに図れたようだ。

もちろん、そうした理由ばかりではなく、「労働組合はなんのために（法律などで）保護されているのか。困っている人を助けられない組合ならば意味はない」という正論、「派遣労働者を正社員化し、組合員化し、組合員数を増やしたい。そして、受け継いできた労働組合の恩恵を後輩たちに伝えたい」という願いも、執行部の決断を促した。

組合員からの次のような声もリーダーたちの背中を強く押した。ある高齢の組合員は「自分は早期退職するから、代わりに派遣を社員にしてくれないか」と言った。工場の班長や職長も「一所懸命働いてくれる派遣労働者を一人でも正社員にしたい。彼らの頑張りに報いたい。それに派遣労働者のままでは、継続して勤務してくれるかどうかわからない」とリーダーに言いに来た。

こうした議論を経て、二〇〇六年春闘において組合は派遣労働者の正規化を運動方針に掲げたのである。

■ニュース９

ＮＨＫのニュース９がこれに飛びついた。〇六年春闘における格差是正への取り組みをテーマにした番組作成のため、会社と組合に取材の申し込みをしたのである。組合としてこの申し込みを受けるかどうか。上部団体からは、取引先から批判を受けるかもしれないとの危惧から断った方がよいのではないかという意見も出された。一方、会社は当初、取材を渋った。

だが、組合のリーダーは取材を受けることを決めた。労働組合が格差是正にどう取り組んでいるかを広く世に訴える良い機会だと思ったからである。会社も、ＮＨＫのディレクターの説得により、取材に応じることになった。

ＮＨＫから、さらに、派遣労働者の正規化という運動方針を討議する全員集会の模様を撮影したいという申し出が組合にあった。判断の難しい申し出である。カメラが入ることによって、組合員は本音を言わないかもしれない。逆に、もし、正規化反対という本音が出た場合、その発言者がトラブルに巻き込まれるかもしれない。

書記長は後者の危険を考え、集会の撮影に抵抗を感じた。委員長は違った。次のように考えた。正規化は反対という本音の発言がカメラの前で出た場合、組合員同士が分裂する危険がないわけではない。だが、たとえそうした発言があったとしても、ＮＨＫは組合員の本音を悪意をもって伝えるということはするまい。むしろ、労働組合が格差是正の取り組みに頑張っているところを伝えてもらえばよい。それで日本の労働組合運動が少しでも良い方向に向かえばよい。だから、全員集会の撮影を認めるべきではないか。これが委員長の考えであった。そして、最終的には書記長が委員長の考えを受け入れた。

全員集会

全員集会が始まった。NHKのカメラが入っている。執行部が派遣労働者の正規化方針を提案した。反対の意見が一部の組合員から出される。「ワーキングプアは本人に原因があることもある。まずは組合員の利益が優先されるべきである」、「正社員の生活も楽ではない。配分は自分たちを優先してほしい」、「将来の会社のことを考えれば、ある程度、派遣がいた方が自己防衛になる」。

だが、こうした意見は組合員の一部にとどまった。ほとんどの組合員は、派遣労働者と一緒に工場で仕事を行っていることもあって、派遣労働者に親しみを感じており、正規化方針に反対はしなかった。先にみたように、自分の代わりに派遣労働者を正規化してくれと言った組合員もいたし、工場では彼らの継続勤務を求め、正規化を求める声も多かった。組合役員経験者の先輩たちも現執行部を支持する発言をした。

「まずは組合員の利益を」、「配分は自分たちを優先して」という意見に対して、リーダーは次のように考えていた。「会社が利潤を出しているならば、それは正社員の頑張りだけではない。正社員と比較しても賃金も安い非正規の頑張りが大きな要因なのではないか。それなのに春闘で正社員だけに利益を還元するのは間違っている。ベア分を正社員がそっくり取るのではなく、派遣社員の正社員化のためにも使うべきではないか」と。

反対、賛成の意見がそれぞれ出された後、執行部は「われわれが差別を強要してよいのか」と訴え、賛成多数で執行部案は可決された。

総論賛成——日本ハム

日本ハムの組合執行部が非正規労働者の組織化方針の検討を開始したのは二〇〇三年春からである。議論は六ヵ月近くにも及んだ。支部からは次のような消極的な意見が出てきた。非正規労働者を組織化すると、正規労働者のベースアップが二度とできなくなるのではないか。これまでも組合として非正規労働者の相談に乗ったり、あるいは労働条件改善要求を代わりに行ってきた。なぜ、いまさら組織化をしなければならないのか。

ベースアップ云々という反論は、私からしてもちょっとおかしい気がする。正規、非正規を問わずに、ベースアップを要求すればすむことだからだ。賃上げ原資が固定されていると仮定すれば、非正規の賃上げ分だけ、正規の賃上げ分が減ることになる。だが、賃上げ原資一定という仮定それ自体がおかしい。原資をどれだけ獲得するかが春闘というものだろう。ただ、そうした不安を持つ組合員もいるという事実を心に留めておくべきだと思う。後者のような意見に対しては、私はなぜ、組合費ももらっていないのに、決して人数的には少なくない彼らのために活動しなければならないのかと素朴に疑問に思う。

私の考えはさておき、日本ハムのリーダーたちは自らの危機意識を踏まえて、次のように説得した。組合が過半数を占めていない職場がある。そういう状況で、正規労働者だけで職場環境の改善をどんなに求めても、良くはならない。非正規労働者を加入させ組織の力を上げなければ、われわれにとってもマイナスではないか。これまでどおり非正規労働者に対応するとしても、組織化しない状況でどこまで一緒に戦えるのか。きちんと組合費をもらったうえで、対応すべきではないか。

こうして消極的な意見はあったものの、全体としてはスムースに同意を得られたという。組合リーダーによれば「あるべき論で言えば、やらなければならないという声が大多数だった。組合としてやるべきことはそれしかいない。誰もが『そうだ』ということになった」。総論賛成である。

こうして二〇〇三年一〇月の定期大会で非正規労働者の組織化方針が承認された。だが、この時点において、非正規労働者の組織化がいかに大変であるかを認識している組合員はほとんどいなかった。

ユニオン・ショップ協定

日本ハムの組合リーダーたちは、会社側と非正規労働者に関してユニオン・ショップ協定を締結することによって、一挙に組織化を図ろうとした。〇四年の春闘において、ユニオン・ショップ協定の締結を要求の一つとして掲げ、会社側と交渉を重ねたのである。

非正規労働者を組織化することによって彼らのモラールが向上し、それが製品の品質向上につながる。組合はこう主張した。これに対し、会社側は次のように回答した。「組織化の意義は理解するが、そのこととユニオン・ショップは別である。組合が勧誘もしていないのに、協定締結には応じられない」。交渉を重ねたが、会社側のこの姿勢は揺らぐことはなかった。私は、会社の回答はごく当然のことだと思う。法律の専門家ではないから、法律上、こうした協定が締結できるのかどうかはわからない。だが、常識的に考えて、組織化される本人の意思を確認することなしに、いきなり「あなたは今日から組合員です。そう決まりました」というのはおかしい。私はそう思う。

支部の抵抗

ユニオン・ショップ協定の締結に失敗した組合は、支部で本格的な勧誘活動をどう進めていくかを議論することになる。〇四年三月、各支部に対し、加入説明会の進め方についての検討を行うよう求めた。ところが、支部の意見がなかなかまとまらない。業を煮やした本部リーダーたちが支部を訪れてみると、意外な反応が待っていた。

支部役員の最初の反応は「自分たちが（組織化を）やるのか？」だった。本部が会社と交渉してユニオン・ショップ協定を結ぶ。それで組織化はすむ。自分たちが汗をかく必要などない。これが支部役員の考えであった。もっとも、本部のリーダーたちも当初はそう考えていたと思われ、支部だけが特別だったわけではないと私は思う。

急きょ、組合支部代表を集め、この問題について論議することになる。支部からは、本部が組織化をやればいいじゃないか、会社側との交渉を積み上げてユニオン・ショップ協定を締結すればいいじゃないかとの意見も出された。

勧誘活動への不安

支部役員は非専従であったから、もし非正規労働者に対し自らが組合加入勧誘活動をするとなったら、仕事をしながらそれをしなければならない。その負担の重さが、こうした抵抗となって表れたという面もあるだろう。だが、本当のところは勧誘活動そのものへの不安があったからであった。議論を重ねる中で、その不安がリーダーにはみえてきたのである。

リーダーは当時の様子を次のように振り返る。「会社に入ったときから何も考えずにユニオン・ショップができているから、なぜ組合が必要なのか、なぜ組合に入らなければならないのかということを、言葉で相手にしっかりと伝えられない」。だから、尻込みする。

温度を上げる

尻込みする支部の「温度」を上げる必要がある。そうリーダーは思った。そのため、さまざまな工夫を講じた。すでに非正規労働者の組織化に取り組んでいる組合に教えてもらいながら、あるいは産別組織と相談しながら、支部役員用の勧誘マニュアルを作成した。このマニュアルには加入説明会で必要となる器材から、説明会参加者の質問に対する細かな回答例にいたるまで詳細に書かれている。この他、勧誘の際に気軽に会話できる雰囲気をつくるための工夫、説明会の場で加入申込書を書いてもらうノウハウについても支部役員に教えていった。こうして徐々に温度を上げていき、〇四年七月に勧誘活動がスタートすることとなる。

四年間にわたる説得——矢崎

矢崎の組合リーダーが非正規労働者の組織化を最初に提案したのは二〇〇三年のことである。組織化方針が決定されたのは〇六年九月。内部の説得に四年間ほどかかっている計算になる。

〇三年の最初の提案に対して各支部は消極的な反応しか示さなかった。非正規労働者を組織化したら、どんな意見や要望が出てくるかわからない。どんな本音の意見が出てくるかわからない。正規と非正規とでは、賃金、労働条件、特別休暇など多くの面で違いがある。だから、さまざまな要求が出てくるに違いない。組合役員にも立候補するかもしれない。役員数も変えなければいけないかもしれない。それらすべてが怖かった。やや冷たく言ってしまえば、自らの既得権益を守ることに汲々としていた。

それゆえに次のような言い訳も出てくる。これまできちんと非正規労働者の面倒をみてきた。だから、今のままでいいじゃないか。日本ハムのケースと同じである。

リーダーは、こうした支部の消極的反応の前に、二年目には組織化を断念せざるをえなかった。ただ、「組織化に向けた火は消さない」ようにした。

■再スタート

二〇〇五年、上部団体の要請、非正規労働者の組織化に取り組んでほしいという要請があったこともあり、議論を再スタートすることとなった。先にみた支部役員の懸念がどのように払拭されたのかは、残念ながらわからない。矢崎の組合のリーダーが最も心配していたのは、前章でみたように、代表性の危機であった。内と外からの侵入に対して、いかに組織を防衛するか。そのためには非正規労働者を組織化しなければならない。これがリーダーの最大の関心事であった。結局は、リーダーの強い危機意識が支部役員たちを動かしたということなのだろう。

議論はどのように非正規労働者を組織化し、どのように世話活動をしていくのか、組合費をどうするのかなどをテーマに進んでいった。非正規労働者の職場は作業所、分工場など事業所の外に点在していた。組合役員からは「うち（の支部）は、（非正規労働者が勤務する作業所、分工場に）行って帰るだけで一日が終わる」、そんな状況で「どうやって組織化していくのか」、非正規を組織化した場合、彼らへの「世話活動がどこまでできるのか、物理的な問題（時間と費用）もあるし、情報をどう伝えるかもある。今まで（正規の組合員に対して）できたものが、（非正規も含めて）今後もできるのか」といった意見が出てきた。今回は労働条件の違いではなく、実際の活動面についての不安が前面に出てきた。

こうした不安に対しては、すでに非正規労働者を組織化していた一つの支部の経験がものを言った。この支部でも非正規労働者は作業所、分工場で働いていたし、にもかかわらず、組合活動はしっかりと行われていたからだ。

他方、一般組合員は仲間が増えるということでもあり、非正規労働者の組織化に対し違和感を持つことはなかった。それまでにも組合主催のレクリエーション活動に、非正規労働者にも積極的に参加を呼びかけていたし、実際に活動も一緒に行っていたから、仲間意識があったためである。

組織対策専門委員会

リーダーの強い働きかけにより、〇六年九月の大会で、ようやく「組織対策専門委員会」の設立が承認された。この委員会で、①非正規労働者の組織化にともなう規約・規程の改定の検討、②組織化のための教育宣伝器材の企画立案、を行うこととなり、非正規労働者の組織化に向けた職場オルグを開始することが確認されたのである。

店長の強い反対——サンデーサン

就業規則の一部変更に端を発した苦情の嵐。これをきっかけに、また不当解雇事件での会社側の事実上の敗訴を受け、非正規労働者の組織化が議論されるようになったのがサンデーサンであった。だが、組織化に対しては当初から大きな反対があった。

組織化を最初に議論した執行委員会では、委員長を除くほとんどすべての執行委員が反対した。正規労働者の組合員のほとんどは店長である。店舗では組合員である店長、その下にパート、アルバイトなどの非正規労働者がいる。店では管理する側とされる側に分かれる。それが共に組合員になったら、どうなるのだろうか。店舗運営に支障をきたすのではないか。これに強い不安を抱いたのである。だから、ほぼ全員反対ということになった。

たとえば次のようなことが言われた。もし非正規労働者が有給休暇を取得させてほしいと要望した場合、同じ組合員としてはダメだとは言えない。しかし、店長の立場からすれば、店舗の人件費を考えねばならず、時には取得を見合わせてもらうこともある。また、使う側としては、忙しいときには残業をお願いすることもあるが、組織化したら一日八時間以上働かせてはいけなくなるのではないか。こうした懸念が執行委員会で次々と出されたのである。

組合のリーダーによれば「労使という関係でありながら、（共に）組合員（でもある）ということを店長としてはどう対応したらいいのか……。これまでのように店長として言っていたことも言えなくなることも出てくるのではないか。いろんなことを考え」て不安になっていたのである。

事業の正常な運営が妨げられる場合には、使用者は有給休暇の取得時季を変更することはできる。三六協定を結んでいれば、八時間を超えて時間外労働を命ずることもできる。店長たちの抱いていた懸念は、実はさほど深刻なものではない。労働法規を含め人事管理についての基本的な知識が十分には身についていなかったように私にはみえる。前章でみたように、店長とのトラブルの苦情が続いた原因は、一つには、店舗の急拡大によって店長の育成が追いついていなかったことであった。人事管理を含む管理の知識、ノウハウ、能力がまだ十分には身についていない店長が多かったのであろう。

組合とは何か

リーダーは、執行委員になっていた店長も、そうではない一般の店長も労働組合とは何かを十分に理解していなかったことが背景にあるのではないかと言う。なぜ組合が必要なのか、なぜ組織化が必要なのかがわかっていない。だから、非正規労働者の組織化にも消極的になる。組織化に消極的だった頃の日本ハムの支部役員と似ている。

サンデーサンの組合は一九九〇年に結成されている。すでに、結成以来一〇年以上、経過していたが、三役以外の執行委員は毎年のように交代し、継続性という面で問題があった。彼らに組合とは何か、なぜに必要なのか、何を行うのかを説明し、理解させる必要があった。ところが、非正規労働者の組織化方針を議論している途中でさえ、任期満了による執行委員の交代があり、そのたびごとに「組合とはなんぞや」という説明を一から繰り返さなければならなかった。

パート集会の傍聴

組織化の議論を始めてから六ヵ月。依然として執行部内は反対派が多数を占めていた。リーダーはどうしたらよいのかと頭を悩ませていた。そんなときである。同じ産別組織に加盟する、同業種の組合で、かつ、すでに非正規労働者を組織化していたテンアライドの組合の委員長から誘われた。パート組合員の集会に出てみないかと。

サンデーサンの組合のリーダーは、この誘いに恐る恐る応じた。「恐る恐る」とは、パート組合員から店長への批判が出て、悪口大会になるのではないかと心配したからである。サンデーサンの組合リーダーが非正規労働者の組織化の必要性を感じたのは、苦情の嵐をきっかけとしていることを思えば、当然の不安だったかもしれない。

ところが、予想はまったく外れた。「私たちが目指す店長像」「理想の店長像」といったテーマで討論が進み、パート組合員からは自分が働く店舗の店長の欠点ではなく、むしろ素晴らしい点が活発に発表されていたのである。案ずるより産むが易しといったところか。

さらにテンアライドの組合委員長のアドバイスも参考になった。非正規労働者の組織化によって、店長の店舗管理能力がアップしたというのである。たとえば、それまでは三六協定違反に無頓着だった店長が、非正規労働者の組織化をきっかけに、自分で労働法規を勉強するようになり、協定違反がなくなったなどである。

最後の決断

リーダーはこの話を執行委員会で披露した。パート組合員集会で、パートたちは店長の悪口ではなく、自分の店の店長がいかに素晴らしいかを発表していた。組織化すると、非正規労働者との関係がまずくなるというのは杞憂だ。むしろ、良くなる。店長自身も成長する。これを聞いた執行委員の一人、現在の書記長は「心配することはない、安心した」と当時を振り返っている。

さらにリーダーは次のようにも言った。各店舗がここまで育ったのには、非正規労働者の働きによるところが大きい。その非正規労働者の労働条件をこれ以上悪化させたくない。今の状況を放置しておくと非正規労働者は辞めていってしまう。組織化によって労働条件を整備し、非正規労働者の定着を図っていくことが必要である。私なりに言えば、集団的発言メカニズムの危機を説いたのである。

組織化の議論を始めてから一年、テンアライドのパート集会の傍聴から半年、リーダーは執行委員に最終決断を迫った。

「（非正規労働者の組織化を）しないのならしないでいい。するんだったらしようよ。結論出そうよ。二年も三年も議論してもしようがない。どうするんだ」。

執行部全員の答えは「やりましょう」であった。リーダーは「じゃあ、みんな腹に落ちたね。これから大変だけど、頑張ってやっていこうね」。こうしてようやく執行部がまとまった。二〇〇三年一〇月の定期大会で非正規労働者の組織化方針が正式に決定した。

四　まとめ

●危機意識の共有

小田急百貨店、イオンリテール、広島電鉄のケースでは、リーダーたちによる執行部の説得は順調に進んだ。その一つの大きな原因は、リーダーたちの持っていた危機意識が共有されていたことだと私は思う。

組合のリーダーたちは企業の先行きに対する不安を抱き、職場が混乱や停滞していることに気づく。このままでは企業が危うい。自分たちの雇用も労働条件も危うい。だから、そうした状況を変えなければならない。そのために組合は何ができるか。現場の声を組合を通じて会社に伝える。不満、要望、職場の問題、改善提案を伝える。だが、浸食されつつある正規労働者だけの集団では、その役割を十分には果たせない。言い換えれば集団的発言メカニズムは危機にある。

代表性が揺らいでいる、あるいは揺らぐかもしれない。リーダーたちは代表性の危機に気づく。非正規労働者たちが自分たちの仲間を過半数代表者に選ぶかもしれない。他の組織の協力を得て別の組合をつくるかもしれない。そうなったら、良好な労使関係を維持していくことは難しくなる。

この二つの危機意識が執行部に共有されているかどうか。共有されていれば、小田急百貨店、イオンリテール、広島電鉄でみたように、非正規労働者の組織化をめぐる議論は順調に進む。「異論が出たケース」の最初の事例、クノールブレムゼジャパンの組合でも危機意識は多くの組合員に共有されていたといってよい。

他方、日本ハム、矢崎、サンデーサンでは、リーダーの危機意識は執行部内でも、場合によっては一般組合員の間でも共有されていたとはいいがたい。だから、非正規労働者の組織化の議論はなかなか進まなかった。

●既得権益への執着

非正規労働者を組織化すると、自分たちがこれまで享受していた労働条件が悪化するのではないか。こう考える組合員もいる。クノールブレムゼジャパンにも、日本ハムにも、矢崎にもいた。サンデーサンであっても、店長が管理職としての自分の立場が危うくなるのではないかと不安に思って反対したことを考えれば、他の三つの組合と同じだと言ってよいのかもしれない。

これにどう立ち向かうか。事例によれば、二つの方法がある。自分たちが危機にあることをなんとか理解させる。これが一つ。もう一つは、「正しいこと」を主張することである。

日本ハムのリーダーたちは代表性の危機を訴え、代表性が掘り崩されることによる集団的発言メカニズムの危機を訴えた。組合が過半数を占めていない職場がある。非正規労働者を除いて、正規労働者だけで職場を良くしていけるのかと。

矢崎では、二〇〇三年に非正規労働者の組織化を提案するが、支部の反対にあって一年で挫折する。〇五年に議論を再開したときには、〇三年のような反対意見はなかった。おそらくは、この間、内と外からの侵入に対して組織防衛をしなければならない、代表性が揺らぐかもしれないというリーダーの危機意識が浸透していったのであろう。

サンデーサンの組合のリーダーは反対する執行部メンバーに対して、日頃から集団的発言メカニズムの危機を説いていたのだと思う。このままでは非正規労働者はどんどん辞めていってしまう、組織化によって労働条件を整備し、非正規労働者の定着を図らなければならないと。それは最終決断を迫るときの「決めぜりふ」でもあった。

危機を回避できなければ、どんなコストがかかるのか。守られているはずの権益は実は消滅してしまうかもしれない。こう説得するのが一つの方法である。

もう一つの方法は「正論を説く」。クノールブレムゼジャパンのリーダーのように「労働組合は何のために（法律などで）保護されているのか。困っている人を助けられない組合ならば意味はない」「われわれが差別を強要してよいのか」と正面切って言えば、それに反論することはなかなかに難しい。だから、日本ハムでも「あるべき論で言えば、やらなければならないという声が大多数だった。組合としてやるべきことはそれしかない。誰もが『そうだ』ということになった」。

●それでも残る不安

既得権益を守ろうとするわけではないが、それでも、非正規労働者の組織化は初めてのことでもあるし、不安だ。だから反対する。こういうケースもみられた。日本ハム、矢崎、サンデーサンがそうであった。

会社とのユニオン・ショップ協定締結交渉が不首尾に終わった日本ハムの組合執行部は、支部に非正規労働者の組合加入勧誘活動を求めた。だが、支部の反応は鈍い。本部が交渉を継続すればよい。そうでなければ、本部じきじきに非正規労働者の組織化に乗り出せばよい。自分たちは汗をかく気などない。非専従で、仕事もしなくてはならない。それなのに、面倒くさい勧誘活動などできるか。これが支部役員の反応であった。

こうした支部役員のそっけない対応の底には、実は、勧誘活動そのものへの不安があるからではないか。リーダーたちはそう考えた。彼らは会社に入ったとき以来、組合員である。組合とは何か、なぜ組合が必要なのかを真剣に考えたことはないのではないか。だから、非正規労働者に向かって、組合の必要性、組織化の必要性を説くことに不安を感じているのではないかと。

矢崎では、点在する非正規労働者にどう対応するかという不安が多く出された。行って帰るだけで一日かかる。時間も費用もかかる。情報を伝えることだって簡単ではない。いったい、そんな状況で組織化活動などできるのか。組織化した後の世話活動だって十分にできるのかどうか。

最も強い不安が表明されたのはサンデーサンである。もし非正規労働者を組織化すると、同じ組合員でありながら、店では管理する側とされる側になる。これでうまくいくのだろうか。人間関係は難しくなるし、店舗運営に支障をきたすことになるかもしれない。

店長の不安の原因の一つは、管理、特に人事管理の知識、ノウハウ、能力が十分には備わっていなかったことであると私は思う。もう一つは、日本ハムと同様に、労働組合についての理解不足であった。労働組合とは何をするものか、なぜ必要なのかがわかっていない。これらのため、店長は組織化に強い不安を抱いた。だからなかなか賛成しなかった。

●不安の解消

では、リーダーたちは、こうした不安をどのように解消していったのか。一つは研修、もう一つは事例に学ぶである。

サンデーサンでは労働組合とは何かを繰り返し説いていった。日本ハムでもおそらく同じだったであろう。次章でも述べるように勧誘活動のための研修も不安解消に役立つ。日本ハムでは、そのことに特に気を遣った。研修に使う器材、マニュアルにも工夫を重ねた。

もう一つは、同じような環境に置かれている先進事例に学ぶことである。矢崎のケースでは、自社内にすでに非正規労働者の組織化が行われている支部があった。その経験を教えてもらうことによって不安は取り除かれた。サンデーサンでもまた、先進事例のテンアライドのパート集会を傍聴し、委員長のアドバイスに耳を傾けることによって、強い不安は薄れていった。

リーダーたちはこうして執行部、一般組合員を説得し、不安を取り除いていった。また一つ壁が壊れた。

第四章

組織化の実際

ようやく非正規労働者の組織化のスタート・ラインに辿り着いた。本章では各組合がどのように非正規労働者にアプローチし、いかにして彼らを説得し、自らの仲間としていったのかを明らかにする。まずは四つの事例を素材に準備段階をみた後、八つの事例でその実践プロセスの詳細を述べる。最後に、最も重要で、かつ興味深い点、非正規労働者をいかに説得していったのかを七つの事例をベースに明らかにする。

一　準備段階

学生アルバイトも対象――サンデーサン

非正規労働者の組織化方針を決定した段階で、それと同時に、普通はどの層をターゲットにするかを決めているであろう。たとえば、イオンリテールでは雇用保険加入の非正規労働者を対象にする、小田急百貨店ではまだ未組織でいる非正規労働者のうち、一年の有期契約、週三日以上かつ週二〇時間未満の非正規労働者を対象にするというように。日本ハムでも、勤続一年以上、週三〇時間以上、一日六時間以上の非正規労働者というように対象を決めている。サンデーサンの組合は、前章でみたように、店長の強い反対によってなかなか組織化方針が決まらなかった。組織化対象はようやく方針が決まった後に検討されることになった。最終的には学生アルバイトまでも対象に含まれることになるのだが、その経緯が面白い。

執行部は最初、社会保険に加入している非正規労働者を組織化対象としようとした。ところが、それでは三〇〇人たらず、非正規労働者全体の一割にも満たない。これまで、一年間、いろいろ議論してきたのは、わずか三〇〇人のためではない。結局、非正規労働者全員を対象にする、ただし、勤続七ヵ月以上という条件をつけるということに落ち着いた。

組織化対象をこの層にすると、当然のことながら、長期勤続の学生アルバイト（大学生、短大生、専門学校生）も含まれる。学生アルバイトをどうするか。夜の六時以降の時間帯は学生アルバイトが多く働いており、特に一〇時以降では責任者となっていることが多い。こうしてみると、夜は学生アルバイトが店の中核となっている。その中核を対象外とすることはおかしい。このように議論が進んだのである。したがって、今でもサンデーサンの組合には学生アルバイト組合員がいる。

店長向け組織化研修

組織化対象が決まり、実際に組織化を開始する前に、最前線で非正規労働者を勧誘する組合役員に対する研修はどこの組合でも行うであろう。前章でみたように日本ハムの組合も工夫をこらした研修を行っていた。店長の強い反対で、なかなかゴーサインの出なかったサンデーサンの組合も同様である。

全国に店舗があるサンデーサンでは非正規労働者の組織化は店長が行うことになっていた。店長には不安がまだまだある。だから、まずは店長を集めた会議で非正規労働者の組織化の趣旨説明を組合として行った。その後、地区会議（全国約三〇ヵ所）を開催し、主として委員長が、執行委員のいる地区はその執行委員が説明を行い、店長からの質問に答えていくというかたちで研修を行っている。この会議では次のような素朴な質問が多数、出ている。

①なぜ非正規労働者を組織化しなければならないのか。
②賃上げはどうするのか。
③ユニオン・ショップ協定とは何か。
④加入に反対の人にはどう説明すればよいのか。
⑤二ヵ所勤務で他の組合に加入している人はどうしたらよいのか。
⑥組合員である店長が同じ立場である組合員を雇ってもよいのか。

⑦学生の加入メリットは何か。

①、③、⑥などの質問などからわかるように、本当に基本的なことから教えなければならなかった。一からのスタートである。②は、地域の同業他社との人材確保競争で、店長の判断で時給調整を素早くしなければならないから、その自由度を縛るようなことはしてくれるなという意味である。この点については店長の意向を尊重する旨、答えている。

④の加入に反対する非正規労働者への対応は、執行部に任せるよう答えている。不十分な知識しかなく、組織化の意義をしっかりと理解していない店長が対応すると、かえってこじれてしまうかもしれないと心配したからである。

こうした研修を行う一方、店長向けに組織化Q&Aも作成している。ちょうど日本ハムの組合が、支部役員用の勧誘マニュアルを作成したのと同じように。

契約社員主体の準備委員会——ケンウッド・ジオビット

ケンウッド・ジオビットでは七割を占める非正規労働者を含めた労働組合をつくるということになった。ケンウッド本社の組合で方針が決定されたのは二〇〇四年一月のことである。これを受けて、ジオビットに組合結成準備委員会が設立された。準備委員は六人。正規労働者は本社からの転籍組の一人だけで、残りの五人は非正規労働者であった。非正規労働者五人の内訳は、営業部に勤める男性四人と、ショップに勤める女性一人である。いずれも若い。非正規で準備委員になった一人の男性によると、彼が準備委員を引き受けたのは、同じく準備委員となった正規労働者（営業部に勤務し、初代の委員長になった）が組合結成について熱く語ったことに影響されたとのことである。

準備委員とはなったものの、労働組合についてはほとんど何も知らない。サンデーサンの店長のようなものかもしれない。だが、労働組合を自分たちでゼロからつくっていかなければならない。まずは、準備委員たちは労働組合とは何かから勉強していった。

さらに、非正規労働者の仲間を組織化していくためには、組合ができたら何ができるのかをアピールしなくてはならない。まずは、自分たちの足下をみつめる必要がある。どんな問題を抱えているのか。いろいろと調べた結果、賃金制度に不備があることがわかる。非正規労働者の賃金は一人ひとりバラバラで、評価制度もない。賃金がどのように決まっているのかが不明確である。賃金の決定方法の明確化、制度化を求めていく。これが組合としての一つのアピール・ポイントとなった。

もう一つ。健康保険料率がケンウッド本社とジオビットでは異なっていることを教えられた。正規労働者の場合、組合健康保険が適用されて保険料率は一、〇〇〇分の七一であるのに対し、ジオビットの非正規労働者の場合、政府管掌健康保険が適用されて保険料率は一、〇〇〇分の八二であった。ケンウッドの健康保険の方が低率である。それをジオビットの非正規労働者にまで拡張適用するということも、もう一つのアピール・ポイントとなった。

組合結成準備委員となった非正規労働者たちは、こうして自ら学び、基礎を固め、同じ非正規労働者の組織化に乗り出すことになった。

四つのグループ――イオンリテール

組織化をいよいよ始めるにあたっては、どういう順序で、どこから始めるかを決めるのが普通であろう。イオンリテールの組合にとっては、慎重にそれを決めていく必要があった。イオンリテールの組合が組織化の対象としたのは、前章でも述べたように六四、〇〇〇人である。短時間勤務で雇用保険未加入の非正規労働者を組織化対象から外してもなお、この数字である。これを五〇〇人たらずの支部役員で説得し、組織化するのはかなり大変なことは誰でも想像がつく。そのため、組織化は労働時間と資格で非正規労働者を四つのグループにわけ、四年間をかけて段階的に進めることとした。

労働時間が長く、資格が高い非正規労働者は、自分の仕事や職場あるいは会社への関心が高く、その分、組合への関与も期待できそうだと考えた。このグループが組織化ターゲットの第一陣となる。対象者はおよそ三、六〇〇人。第二陣、第三陣もそれぞれ同じような人数で、二年度目、三年度目の組織化対象となる。最後が最大のグループでおよそ三五、〇〇〇人。このグループを最終年度に組織化しようという計画であった。

以下でみていくが、この段階的組織化は極めて成功した。組織化が比較的しやすい層から始めることで、組合役員にとってみれば最初のハードルはさほど高くなく、また組織化を進める過程でノウハウがいわばＯＪＴで身につく。そのノウハウが後のグループの組織化に役に立った。また、第一陣で組織化した非正規労働者が、残りのグループの組織化活動に良い影響を及ぼした。

派遣労働者の意向——クノールブレムゼジャパン

クノールブレムゼジャパンでは、直接、非正規労働者に働きかけて組織化をするということはしていない。派遣労働者の正規化を会社側と交渉し、彼らを正規労働者にしたうえで組合員にしたというのが、この事例の特徴である。だが、派遣労働者の同意なしに、リーダーたちが会社側と交渉したわけではない。交渉する以前に、派遣労働者の意向をたずねるということを行っている。つまり、きちんと準備したうえで、交渉に臨んだ。

クノールブレムゼジャパンの組合委員長は、会社と交渉する前に、まずは派遣労働者と話し合いを行い、正規労働者になる気持ちがあるのかどうかを確かめようとした。そのため、会社と派遣会社の双方にその旨、申し入れた。派遣会社からは「そのような場を持たれるのは困る」と拒否された。一方、会社人事部からは「そんなことをすると、派遣会社が労働者を派遣しなくなる。生産がストップして、取引先に迷惑をかけることになる。困る」と、ここでも強く反対された。

だが、リーダーはひるまない。個別の話し合いは自由だろうということで、一〇時と一五時の休憩時に、工場の休憩室に出向き、派遣労働者一人ひとりと話をしたのである。その結果、彼らの多くは正規労働者になる意欲と希望を持っていることがわかる。派遣という働き方にこだわっている人はほとんどいない。中には「この会社は、正規労働者、派遣労働者という差別がない良い会社だ」と評価してくれる者もいた。

他方、一般の組合員からは、前章でみたように、派遣労働者の正規化を訴える声も届いていた。こうして、派遣労働者の正規化の方針を掲げることになったのである。

二　実践

メリット・デメリットではない――イオンリテール

いよいよ組織化の実践である。イオンリテールの組合の特筆すべき点は、非正規労働者の組織化にあたって、組合加入のメリット論から入らなかったということである。組合に入って「自分たちの職場を良くしよう」、これが口説き文句であった。実際に組織化を担当した組合役員によると「みんなで職場を良くしていきましょう。そのために一緒にやっていこう。組合員はお客さんじゃない。一緒にやるパートナーなんだ」。

もちろん、非正規労働者から組合に入るメリットとデメリットは必ず聞かれた。聞かれたことにはきちんと答えたが、最後は必ず「職場をみんなで良くしていこう」。それで非正規労働者がすんなりと納得するはずもなく、同じ質問を何度もされ、メリットを感じられないと加入しないとも言われた。それでも次のように繰り返した。全労働者に占める正規労働者の組織率は一四・七%。組合はこれまで正規労働者のことばかり考えてきたけれど、もうそれでは会社は良くならない。一緒になって会社を良くしましょう。みなさんの力が必要ですと。リーダーの危機意識、このままでは集団的発言メカニズムは機能しないという危機意識が組合役員に共有されていることがわかる。

第一次加入活動

最初のターゲットは、前述したように、比較的ロイヤリティが高いとみられる非正規労働者三、六〇〇人であった。組織化をどう行うかは各ブロックに任された。重要なのは説明会であるが、説明会は第三次までは個別あるいは少数で行われたため、ブロック内で何度も開催された。

まずは説明会に来てもらわなければならない。説明会への参加率を向上させるためにさまざまな工夫がブロックごとに講じられた。事前に支部の組合役員がターゲットとなる非正規労働者に直接、会って、説明会の案内をしたこともある。単に店舗のメールボックスに案内状を入れるだけ（そうした支部もあった）よりも参加率は格段に高くなる。支部によっては、説明会の前に、正規の組合員を対象に実施していた「何でもお話しする会」「コミュニティ・クラブ」などに、ターゲットとなる非正規労働者を招待し、そこで不平不満を聞くなども行った。また、管理職から出席を促してもらうことも行ったが、これは効果的であった。

組織化の実践はブロックに任せたが、放置していたわけではない。本部はその進捗を管理していた。各ブロックから選出された委員で構成される組織委員会で、定期的に進捗状況が報告された。なかなか組織化が進まないブロックの委員はつらい。言い訳するのもつらい。だが、進んでいるブロックに学ぶことができる。成功事例は機関誌でも紹介されていたし、委員会の場でも発表された。それらを学べばよい。こうして、組織化は着々と進んでいった。

第一次加入活動の対象者は三、六〇〇人。ほぼ一〇〇％近くから加入同意書を得ることができた。それを踏まえて、会社側とユニオン・ショップ協定を締結した。こうして最初の一年間は成功裏に終わった。

■第二次・第三次加入活動

当初の計画を変更して、二年度目に第二次加入活動と第三次加入活動を同時に行うこととした。それは一つには、第一次加入活動を通じて組織化の最前線に立つ組合役員たちが経験を積み、ノウハウを獲得したからである。非正規労働者からどのような反応があるのか、それにどう対応すればよいのかがわかり、自信もついてきた。

もう一つの理由は、組織化していくプロセスで、組合費を払っている非正規労働者とまだ払っていない非正規労働者が並存する事態を懸念したからである。イオンリテールの組合が非正規労働者の労働条件の向上に取り組むと、成果はまだ未組織の非正規労働者にも及ぶ。そうなったとき「私は組合費を払っているのに、払っていない人も上がるの」と不公平感が高まるのではないかと心配したのである。

第二次・第三次加入活動も順調に進んだ。第一次のときの経験、そこで得たノウハウが役に立ったからである。だが、それだけではなかった。第一次加入活動によって、組合員となった非正規労働者の支援も得られたからである。非正規労働者が非正規労働者を勧誘する。説得される側は、より安心し、前向きになるのではないか。

第二次加入活動、第三次加入活動の対象者は、それぞれ三、六〇〇人。全員から加入同意書を得ることができた。そしてユニオン・ショップ協定が締結された。

第四次加入活動

最後の、そして最大の加入活動である。対象者は三五、〇〇〇人。これまでとはケタが違う。そのため、活動目標と活動スタイルを変えた。第三次までは同意書獲得目標を九〇%にしていたのを七五%にやや下げた。会社も七五%でユニオン・ショップ協定を結ぶことに同意した。加入説明会をこれまでは個別、少人数方式でやっていたものを大くくりにするように変えた。

第四次加入活動も順調に進んだ。すでに職場には組合に入っている非正規労働者がいる。全体で一五、〇〇〇人近くなる。彼らはベテランで、職場の中核を担っている。非正規労働者は組合に入るものだという雰囲気が広がっていったのではないかと、組織化に携わった組合役員は言う。私は、そうした雰囲気だけではなく、実際に彼らが仕事をしながら、まだ組合に入っていない非正規労働者に呼びかけたのだと思う。

その結果、特別な理由がある人（退職が間近である、他の組合に入っているなど）を除いて、ターゲットのほぼ全員から加入同意書を獲得することに成功した。次のような逸話も語られた。「どうしても加入したくないという人もいました。こちらはお願いしますと言っても、嫌だと。それじゃあ、また来ますと言って帰る。またお願いに行く。断られる。また来ます。いったい、いつまで繰り返すのと言われたので、あなたが同意書にサインしてくれるまでと答えたら、わかった、入ると」。

こうして二〇〇四年五月から始まった非正規労働者の組織化活動は、当初の計画を一年間前倒しにして〇六年八月に終わった。組織化した非正規労働者は六万人を超えた。

一〇〇％組織化への遠い道のり――日本ハム

日本ハムでは、支部が当初、非正規労働者の組織化に消極的であった。本部は支部の「温度」を上げるためにさまざまな工夫を行う。その結果、二〇〇四年七月に最初の説明会が各支部で開催されることになった。会社とのユニオン・ショップ協定が締結されるのは〇六年一一月、ほぼ一〇〇%から組合加入同意書を獲得したのは、その二ヵ月後である。最初の説明会から二年半近くかかったことになる。イオンリテールの組合も三年間であるが、組織化した人数が違う。日本ハムは一、四〇〇人である。二年半かけて、遠い道のりをようやく踏破したというのが日本ハムの組合リーダーの実感ではないだろうか。

組織化の中心は支部の役員、非専従の役員であった。本部の役員も支部に派遣されたが、「スーツを着た本部役員は保険の勧誘と同じだ」、つまりよそよそしいということで、作業着を着て非正規労働者と一緒に働いている支部役員が最前線に立った。

まずは説明会にできるだけ多くの非正規労働者が参加してくれないと困る。そのため、説明会前に非正規労働者に働きかけをしておく必要がある。支部の役員は、職制で言えば主任や係長である。非正規労働者とは上司と部下の関係にある。だから仕事上の指示などをする中で、それとなく組合の話、説明会の話をする。職場のリーダー的存在になっている非正規労働者に協力を求める。朝礼の際に、会社の了解を得たうえで、組合について説明する。こうした努力のおかげか、最初の説明会では組織化対象の非正規労働者の七割が参加した。その半数がその場で組合加入同意書にサインをしてくれた。とはいえ、まだ三五%、三分の一にすぎなかった。

五割突破

説明会を欠席した人々、参加はしたけれど返事は留保した人々、彼らにどうやって加入してもらうか。支部では説明会あるいは個別での説得が続いた。

一方、本部では、毎月の中央執行委員会で支部ごとの進捗状況が報告された。報告だけではない。その前の一ヵ月間、どのような取り組みをしたのか。組織化が進んでいない場合は、なぜなのか、どういう対策を打つのか。進んでいれば、どんな方法が効果的だったのか。これらが話し合われる。組織化が遅れている支部の代表はつらい思いをしたであろう。だが、イオンリテールと同じように、成功事例を学ぶことができる。

ユニオン・ショップ協定を会社と結んでいないから、脱退を申し出る者も当然出てくる。支部役員はその都度、組合の役割を説明し、思いとどまるよう説得した。

最初の説明会から三ヵ月後の〇四年一〇月時点で、組合加入率は五五%となっていた。

支部ごとの違い

組織化実績には支部ごとの違いがみられた。その原因の一つは、それぞれの支部における組合活動の継承性の違いにあった。つまり、支部役員が頻繁に入れ替わるのかどうか、執行部を支える役員経験者の層がいるのかどうかである。営業部門や管理部門では人が次々に入れ替わるから、支部役員もどんどん交代し、役員経験者もいなくなる。だから組合活動も次の執行部に受け継がれない。だから、当初は営業部門、管理部門では組織化実績は低かった。とはいえ、もともと非正規労働者そのものが少なかったために、取り組みを強化した結果、実績はすぐに上がった。

もう一つの原因は、支部ごとの活動の「濃淡」だとリーダーは言う。非正規労働者は、以前から組合の普段の活動をみている。職場集会をどのくらい開いているのか、そこでどんな議論が行われているのか。組合活動が活発だったかどうか。組合がそれまで非正規労働者の相談に親身に乗ってくれていたのかどうか、正規と非正規を分け隔てなく対応してくれていたかどうか。非正規労働者はちゃんとみている。それが組織化実績にはっきりと表れている。リーダーはこう言うのである。

「どれだけ職場の（非正規の）人を勧誘できたか、それは今までの活動の通知表である。一〇〇点満点でいえば、八割組織化したなら八〇点、二割五分なら二五点。それまで（正規労働者と非正規労働者が）一緒に働いているわけだから、組合員ではない人から組合活動がどうみられているのが（実績に）出る」。

ユニオン・ショップ協定の早期締結を

支部は懸命に組織化に取り組んでいるのに、なかなか成果はあがらない。六割近くまでにはいったものの、それ以上は伸びない。支部からはユニオン・ショップ協定の早期締結を求める声が本部に寄せられた。「自分たちが勧誘して（組合に）加入した人から、『組合に入っていない人もいるのに、なぜ私だけが組合費を払わなければいけないのか』と言われるのが一番つらい」。

組合本部も会社との協議のたびに、ユニオン・ショップ協定の締結を求めていた。だが、会社の姿勢は変わらない。

組合は協定締結を要求するかたわら、次の決意を繰り返し会社に伝えていた。「最後の一人まで取り組む」。この時点で、リーダーに何か勝算があったようには私には思えない。組織率は六割前後にとどまったままである。むしろ、全員を説得できなければ、組合としての存在意義はないという信念だけがあったのではないだろうか。リーダーは言う。

「組合に入りたくない、組合費が高いというのは、裏を返せば組合が何をしてくれるのかわからないということ。この人たちにどう説明するか。やっぱり活動するしかない。それをみて、どれだけ認識してもらえるのか。正攻法でいくしかないと思った」。

新しい人事処遇制度

二〇〇五年一二月、会社から、工場勤務の非正規労働者に対する新しい人事処遇制度の提案があった。その内容は、非正規労働者に新しくチーフリーダー職を導入し、資格給と役割給を導入するとともに、かつ評価に基づく昇格を行うようにするというものであった。組合は、すでに加入している非正規労働者の意見を聞いたうえで、この提案を拒否する。会社は翌年四月に再提案を行う。組合は、再び、非正規の組合員の意見を聞いたうえで組合の対応案をまとめ、労使協議を行った。このときには、非正規の組合員を労使協議の場に出席させ、自らの意見を直接言わせるというようなことも行った。協議を重ねた結果、〇六年一〇月には新制度導入について労使が合意した。

私は、この新制度の導入をめぐる労使協議が重要だったと思うのだ。制度は非正規労働者を対象としたものである。労使協議で組合は、当事者の意見を集約したうえで、要求を行った。非正規労働者自らが発言したこともあった。だからこそ最初の提案が拒否され、非正規労働者の声を反映した制度が導入されることになった。会社は二〇〇三年にも非正規労働者を対象とした人事制度を導入し、組合は非正規労働者の声を代弁したが、しかし、間接的にとどまった。だから、かえってライン管理が難しくなったという声があがっていた。その問題を解決するための新制度であった。今回は前回とは異なり、当事者の意見が直接、協議に反映され、そのおかげでより良い制度となった、このように会社は考えたのではないか。そして、会社のこの判断がユニオン・ショップ協定へとつながったのではないかと私は思うのだ。だからこそ重要なのだ。

ユニオン・ショップ協定の締結

新制度の労使協議の中で組合は「組合としては、組織した六割にはきちんと対応する。しかし、あとの四割は関知しない」という態度を貫いた。組合リーダーによれば、会社も周知義務を果たせるのか、交渉・協議の窓口が組合に一本化されていた方が望ましいのではないかという判断に傾きはじめたと言う。私も、すぐ前で述べたように、会社が非正規労働者の組織化の効用に気づいたのではないかと思う。

ようやく〇六年二月、ユニオン・ショップ協定が締結された。だが、日本ハムにはライバル・ユニオンがあることもあって、非正規労働者個々人から加入同意書を取る必要があり、これですべて解決とはいかなかった。

ラスト・チャンス

これまで勧誘活動に苦しんできた支部役員はこのニュースに喜んだ。「これで未加入の四割にも加入してもらえる。これまでの苦労から解放される」と。だが、実際には、もう一段の勧誘活動が必要となる。未加入の非正規労働者一人ひとりに会って、説得し、加入同意書をもらわなければならない。リーダーは「ユニオン・ショップ協定は加入勧誘の最後の武器だ。後の手段は残っていない。最後のチャンスだ」と、緩みかけた空気を引き締めた。その一方で説明資料を補強するなど、支部をバックアップした。

協定締結から二ヵ月後、長期病欠者を除きほぼ一〇〇%の加入を達成した。最初の説明会からすでに二年半近くが立っていた。

一人ひとりと対話――小田急百貨店

小田急百貨店の組合は、春闘時に、組合員からの意見を集約するために「全員対話」を行っている。そういう伝統なのだ。現場の声を知ることが組合運動の基本であるという考え方からである。組合員にも「全員対話」に出席する義務が課せられている。

非正規労働者の組織化においても、この「全員対話」スタイルが踏襲された。組合執行部のメンバーが七〇〇人の非正規労働者全員に会い、話をする。そこで加入してくれるよう説得する。これが基本であった。

職場委員には非正規労働者の出勤日確認をも含めた日程調整を依頼し、さらに、就業時間内での説明が可能になるような対応を求めた。

第一段階の説明会

最初の説明会は二〇〇七年八月に職場ごとに行った。まずは、対象となる非正規労働者個人あてに、組合加入説明会の実施についての案内状と、組合の説明資料（新入組合員研修用のものを簡易にしたものを作成）を送付した。説明会は八月だけで八〇から九〇回、開いている。対象者数は七〇〇人だから、一回につき、八、九人と会って、説明をしたという計算になる。

非正規労働者は就業時間帯、出勤日がそれぞれ違う。説明会もそうした事情に合わせて開く必要がある。そのため、毎週月曜日から土曜日までの毎日、一日五回をめどに時間帯を設定し、出席できる時間帯に参加するよう声をかけた。説明は、執行部のメンバー全員が手分けをし、各支部の執行委員と二人一組になって行った。組織化の趣旨、組合とは何か、加入するメリットなどを説明したのである。八月中には七〇〇人のうちの五八八人から加入同意書を獲得した。組織率はすでに八〇％を超えていた。

第二・第三段階の説明会

九月からは、説明会に出席できなかった人と、一回目の説明会で加入を留保した人たちに対する説得となった。およそ一〇〇人あまりである。彼らに対しては書記次長と各支部長で対応していった。一人ひとり個別に連絡を取り、都合のつく時間帯を聞き、職場や売り場あるいは食事休憩を利用して食堂まで出向いて説得にあたった。

第二段階（九月、一〇月）の説明会での組織化のペースは当然、落ちた。個別に会わなければならないし、欠席者は別としても加入を留保した人を説得するのは、そう簡単ではなかった。決断を留保した理由を聞きながら「職場の問題は上司に言えば解決されますか。解決できる範囲は限られていますよね」と説明しながら、労働組合の役割は職場全体で労働条件を改善することにあるということを、個人が職場で直面している問題にひきつけて、実際に組合員となるとどういうことが起こるのかがイメージできるように話をした。リーダーは次のように言う。

「（組合に入っていないので、組合ができるとどうなるかを）体感すること自体がないので、そこに関する不信感がある。その不信感を払拭できる内容がなんなのか……。まず声を聞いて、それは必ず活かすようにしますよ、改善していきますと。確約できるような内容であれば改善していきます。まだまだ（会社と）交渉が必要だなあという内容であれば交渉していきます」と訴えたのである。

組合の効果を体感できること、これが重要だと考えた。だから説明会で出された不満、問題はできるものであればすぐ解決していった。第一段階でも第二段階でもそうである。たとえば、喫煙室の換気の悪さが指摘されれば、会社と交渉して以前よりも性能の良い空気清浄機を追加した。レジの椅子が座りにくいと言われれば、椅子を全部、取り替えるよう会社に要求した。共済に前倒しで加入を認め、チケットの割引購入もできるようにした。こうした小さな積み重ねによって、非正規労働者は組合というものを体感していった。

一一月以降の第三段階になると、一二月一日にユニオン・ショップ協定が締結できることがわかっていたこともあり、組合加入は強制なのだと言えるようになって、以前より容易に説得できるようになった。

こうして、四ヵ月間で七〇〇人の非正規労働者の組織化に成功した。

店長による組織化——サンデーサン

サンデーサンで非正規労働者の組織化方針が決定されたのは、前述したように二〇〇三年一〇月である。だが、実際の組織化活動が始まったのは〇四年二月。その間の一年間、組織化活動は据え置かれた。サンデーサンの組合がさぼっていたというわけではない。方針決定後に、短時間労働者への社会保険適用拡大が厚生労働省案として取りまとめられた。そのまま実施されれば、非正規労働者は社会保険料を徴収されることになる。これに加えて組合費をということになったら、組織化もうまく進まないだろうということで、一時中断したのである。この厚労省案は、業界団体の反対などから見送られることになった。それを受けてサンデーサンの組合は組織化の議論を再開し、〇四年一一月に加入活動をスタートさせた。

非正規労働者に対する加入説明は店長が行うことになっていた。だから、前で述べたように、準備段階で念入りな研修も行った。さらに、会社から、会社が非正規労働者の組織化に賛同していることを文書にして店長あてに送付してもらった。会社は、不当解雇事件での事実上の敗訴から組織化の必要性を痛感していたのだ。この文書も、店長の背中を後押しした。もちろん、会社の賛同は、非正規労働者の同意を得るのにも効果があったろう。

一ヵ月で六割から加入同意書を得ることに成功した。あれほど強く反対していた店長にしては、早いペースだと私は思う。研修と会社の文書が効いたのかもしれない。だが、店舗ごとの違いが大きかった。リーダーによると、店長と非正規労働者との日頃の人間関係が良ければ、非正規労働者の納得を得られやすかったそうである。組合費の問題についても人間関係が良ければ、店長が「労働組合に入ることによって労働条件が守られる」と説明すれば、「店長が言うのだから間違いない」と了解が得られやすかった。

だが、遅い店舗は遅かった。加入率が悪かったり、加入活動それ自体を開始していない店の店長に対しては、核となっている非正規労働者にまず声をかけてみてはどうかとのアドバイスをしたり、委員長自ら出向いて説得することもあった。

加入率が八割を超えたのは二〇〇六年の春頃だったようである。同年の五月にはユニオン・ショップ協定が結ばれた。加入活動をスタートさせて、およそ一年半で、非正規労働者三、五〇〇人を組織化した。

契約社員による契約社員の組織化――ケンウッド・ジオビット

組合設立準備委員六人のうち、非正規労働者が五人。組織化活動はこの六人が手分けをして行った。全国三〇ヵ所あるショップを回るのは主として非正規の準備委員。組織化の対象のほとんどはショップに勤める若い女性の非正規労働者。いったい、どうやって組織化が成功裏に進んだのだろうか。

非正規の準備委員は、もちろん、他人に向かって、組合とは何かを説明し、組合に加入してくれるようお願いするのは初めてだった。だから、オルグに向かう前に、想定問答を何回か繰り返している。また、ケンウッド本社労組から、組織化ガイドラインを譲り受け、それを資料として準備した。いよいよ組織化活動のスタートである。

準備委員のオルグ活動は有給休暇を取得して行われた。交通費はケンウッド本社労組が負担してくれた。携帯ショップでの説明時間は、ショップがオープンする前の一時間（店の開店準備があるため実質四〇分間）に限られる。何回も来られるわけではない。一回勝負である。非正規労働者に会議室に集まってもらい、説明会となる。ほとんどの人が初対面である。

その場で、準備委員たちは、労働組合とは何かについて説明し、労働組合があればこういうメリットがある、評価制度がないという現状は問題ではないか、賃金制度の設計にも自分たちの意見を反映できる、賃金が公平に決まる仕組みをつくれば働きがいも出る、組合に入って目標を持って仕事をしたくないか、要するに組合があればこんな風に変わると話しかけた。

一方、説明を受けるのは若い女性で、クミアイのクの字も知らない。

ブランドのバックと財布

非正規労働者から出された最初の質問は、この事例でも組合費であった。その言い方が面白い。組合費二%だとすると、非正規労働者の平均月収は一七万円だから、毎月三、四〇〇円、年間では四万円ほど組合費を納めることになる。四万円もあればブランドのバックや財布が買える。ただでさえ少ない収入なのに、年間でこれだけ取られて、いったいどんな見返りがあるのか。若い女性らしい素朴な質問である。

これに対し、組合経験の乏しい、いやほとんどない、これまた若き準備委員は次のように答える。「組合健康保険を適用すると、プラスマイナス、このぐらいになる」。「評価制度がしっかり構築されればボーナスもこうなる」。だが、メリットの話になると、どうしても将来のこととなってしまい、ただちにこう変わるという話はできない。だから「取られ損ではないか」と返されてしまう。

さらにショップに勤める非正規労働者たちは、有期雇用ということもあって、同じ職場に長期間働くというビジョンをあまり持っていない。だから組合費は取られて、そのメリットを享受する前に会社を辞めてしまうことにならないかと感じる人も少なくない。そうなればここでも「取られ損ではないか」。

上部団体の共済制度や労働金庫のことを話しても、二二、三歳の若い人にとってはピンと来ない。そもそも生命保険にも入っていない。

雇用保障

雇用保障についても質問された。雇用の面で組合は何をしてくれるのかと。この質問に、同じ立場にいる非正規労働者の若き準備委員が答えなければいけないのだ。答えは次のように素直である。

「反復雇用で実態として期間の定めのない雇用と同じになるまでタッチできない。ただ、会社としては長く働いてもらえるに越したことはないし、有能であればあるほど、会社は辞めては困ると考える。そういう人にみなさんがなれるように間接的にフォローし、結果的に期間の定めのない雇用と同じ形態にするのが、われわれのできることです」。

率直である。だが、雇用保障を確約したわけではない。組合が雇用保障のために何ができるかを述べたわけでもない。

最後はサイン

ショップに勤める非正規労働者は最後まで組合費のことが腑に落ちない。なにしろ、一年間でブランドもののバックや財布に匹敵する額である。準備委員たちの説得も最後は理屈じゃなくなる。「悪いようにはしないから」、「絶対にみなさんにメリットがあるかたちにするから加入同意書に（名前を）書いて下さい」。

ショップがオープンする時間が迫る。オルグのために何度も足を運べるわけではない。この一回で、できるだけ多くの同意書をもらわなければならない。

すると不思議なことが起こる。開店の時間が近づくと、非正規労働者たちは、組合についての理解がさほど深まっているわけでもないのに、組合費に納得したわけでもないのに、「組合に加入すると良くなるんですよね」と半信半疑ながらも、加入同意書にサインをしてくれたのだ。初対面で、わずか一時間たらずの説明で、しかも不十分な答えしかできていないのに、組合費の問題もクリヤーできたわけでもないのに、二〇歳代の女性の非正規労働者たちは最後はサインをした。

魔法である。同じ立場にいる非正規労働者が、わざわざ有給休暇を取得して、自分のショップまで来てくれた。何を言っているのかよくはわからないけれど、とにかく一所懸命で、誠実な人だということはわかる。その人がクミアイが良いというのならば、良いのかもしれない。その懸命さ、誠実さは嘘じゃない、ほんものだ。信頼してもいいみたい。だから最後はサインをしてあげた。こう解釈するしかないように私は思う。

こうして方針決定からわずか三ヵ月後の二〇〇四年五月、九割の加入同意書とともにケンウッド・ジオビット労組が結成された。

会社の対応

ショップに勤務する若き非正規労働者に比べて、会社の対応は準備委員に対するシンパシーのかけらもない。「ボーダフォン（当時）のショップだから、ストライキで店を閉めるようなことになったら、どうなるのかわかっているのか。そんなことをしたらボーダフォンに契約をすぐ解除される」。労働組合を嫌っていたのだ。

有給休暇を取得してオルグ活動に行っていることについても文句を言った。「なぜ営業部の契約社員（準備委員）がこれだけ有給休暇を取っているんだ、業務に支障が出る」。

だが、九割から同意書をもらった。組合も結成された。

ユニオン・ショップ協定の締結

組合結成後、会社にユニオン・ショップ協定の締結を求めた。だが、ジオビットの経営者は承諾しない。そこに救援者が現れる。ケンウッド本社の社長である。本社社長は「社員の意見を集約するのに組合がないと難しいのではないか」という考え方を持っていた。そこで、ケンウッド・グループ・ユニオンの委員長が本社社長に働きかけ、本社社長のアドバイスもあってジオビットの経営者は協定締結に前向きになったのである。

だが、すんなりとはいかない。組合の有期契約社員ユニオン・ショップ協定要求はショップの店長を含む非正規労働者で、三ヵ月以上勤務の者であった。会社はまず店長を外すことを提案し、さらに一年契約の反復雇用者に限定することを求めた。交渉を重ねた結果、ショップ店長を含む非正規労働者であって、三ヵ月以上勤務の者（その後六ヵ月に変更）を、有期契約社員ユニオン・ショップ協定の対象とすることで合意した。組合結成からちょうど一年後の二〇〇五年五月のことであった。

ユニオン・ショップ協定による一挙の組織化——矢崎

イオンリテール、日本ハム、小田急百貨店、サンデーサン、ケンウッド・ジオビットのいずれの組合も、まずは非正規労働者を加入させ、一定程度の割合になったら、会社にユニオン・ショップ協定の締結を迫っている。中でも、日本ハムの組合は締結にいたるまでに大変な苦労をしている。ところが、矢崎の組合は、組織化対象の非正規労働者個々人から加入同意書を取ることなしに、会社とユニオン・ショップ協定を締結し、一挙に九〇〇人の非正規労働者を組織化した。組織化される非正規労働者を蚊帳の外に置いて、勝手に協定を締結したというわけでは、もちろんない。

オルグ集会

二〇〇六年九月の大会で組織対策専門委員会の設立が承認されると、各支部では支部の委員長、書記長、それに本部役員からなる五人のチームが、分担して各職場を訪問した。だいたい一人、五、六ヵ所の職場を担当した。すでに非正規労働者を組織している支部を除く一一支部の非正規労働者全員を対象にして、勤務時間終了後に職場単位のオルグ集会を開いたのである。それまでにも、職場ごとに、非正規労働者に対する世話活動を行ってきたし、組織内議員の選挙活動などのいろいろな機会をとらえて非正規労働者とコミュニケーションを図ってきたこともあり、オルグ集会への出席率はトータルで九七％であった。

まずは、今なぜ、非正規労働者の組織化が必要なのか、上部団体、ナショナル・センターではどう考えているのか、また、矢崎の組合がこれまで非正規労働者に対し、どのような取り組みを行ってきたのかをわかりやすく説明した。

そのうえで、組合役員は「これまで準社員のみなさんへのお世話活動をしてきたつもりである。今回、組合として、準社員の組織化を行うという決意をした。うちの労組はユニオン・ショップであるし、組合として決断をしたので、準社員のみなさんも組合に参加して、一緒に組合活動を担ってほしい」ということを誠心誠意訴えた。

組織化方針に対する反対の意見も出ることもあったので、組合に入ることで「労使のもめ事や賃金などについての情報が取れるし、組合員として声を出してもらい、それを少しずつでも実現できる」と説明した。

オルグ集会では、労働協約を改定し、非正規労働者を含めたユニオン・ショップ協定を締結する予定であることは伝えた。これについては、一人ひとりの同意は取らなかったが、反対は出なかった。

非正規労働者から強い反対意見が出なかった原因として次の二つをあげることができる。一つは、日頃から非正規労働者への世話活動を行っていたことである。たとえば、以前から困ったことがあったら、組合に相談に来ていいよと非正規労働者に声をかけていた。もう一つは、すでに非正規労働者が組織化されていた支部での成果である。この支部は非正規労働者の一時金や賃上げなどの成果を着々と獲得していた。組織化にあたっては、この成果を組合の実績として示すことができた。

ユニオン・ショップ協定の締結

組合は会社にユニオン・ショップ協定の締結を求めたが、会社はすぐに承諾したわけではなかった。非正規労働者の労働条件について、組合が今後さまざまな要求をしてくることを恐れたようである。しかし、〇六年一一月に開催された中央労使協議会の場で、組合として非正規労働者を組合員の対象に入れるとする労働協約の改定の申し入れを行った。同時期に、組合規約も改定し、全支部の非正規労働者を組合員の範囲とした。

会社と交渉を重ねた結果、翌〇七年三月三一日に合意に達し、非正規労働者（勤続三ヵ月以上で、一日八時間就業）全員を組合員とした。

オープン・ショップの臨職組合――市川市保育園

市川市職員労働組合が、自治労千葉県本部と協力して、市川市にある二四の公立保育園に勤める非正規労働者の組織化に乗り出したのは二〇〇四年七月である。このときに、保育園臨時職員懇談会が設置され、臨時職員の組織化をめぐる諸問題について検討が行われるようになる。ここでの議論を踏まえて、翌〇五年一月から保育園臨時職員組合設立準備会がいくどか開催され、五月から本格的なオルグ活動が開始される。

市川市職の組合役員、千葉県本部の役員が職場を訪れ、非正規労働者に対し組合結成を呼びかける。非正規労働者の人数が多い保育園には繰り返し足を運び、組合とは何かを説明し、加入を呼びかけた。こうした役員による呼びかけ以外にも、保育園に勤める正規労働者が組合活動の意義や重要性を説明していたそうである。

非正規労働者たちにどのように呼びかけたのか、なぜ、非正規労働者たちはその呼びかけに応じたのかは、残念ながらよくわからない。だが、オルグ開始後二ヵ月で、一二四人中九七人が加入届けを提出している。六月二八日には組合結成大会が開かれた。組織率八割弱の組合が、呼びかけから二ヵ月で結成された。

フリー・ライダー

だが、公務員である以上、ユニオン・ショップ協定を結ぶことはできない。いわゆるフリー・ライダーはここでも存在する。組合費を負担しなくても、成果は享受できるため「組合活動はやりたい人がどうぞ頑張って下さい」、「組合と当局の間で決めてもらったことにあやかります」という非正規労働者がいる。逆に、組合に加入した人の中には「組合が改善してきたことについて、組合に入らない人も同様の恩恵を受けるのならば組合へ加入する必要もない」と感じている人もいる。これまでの民間のケースとは違う、とても難しい問題である。

派遣労働者の正規化交渉――クノールブレムゼジャパン

会社との交渉は二〇〇六年初頭から開始された。組合の戦術は原価比較であった。派遣労働者のコストは賃金＋管理費からなる。若い正規労働者に支払う賃金費用と比較すると、派遣会社に支払う一人あたりの費用の方が高い。派遣会社の管理費分の一部を、派遣労働者が受け取っている賃金に上乗せすれば、若い正規労働者の賃金と同額になる。つまり、より安い費用で、派遣労働者を正規労働者として雇用できる。これを具体的な数字で示したのである。

もちろん、長期的にみれば、正規労働者の賃金が勤続とともに増えていけば、派遣費用の方が安くなるかもしれない。だが、正規労働者にすれば、技能は高まり、生産性は向上する。高賃金にみあう働きができる。心配する、ものづくり力の低下は起こらず、かえって高まり、決して、マイナスではない。

その後、四、五回の交渉をして、会社は前向きに検討するとの回答を行った。その背景には、会社としても特に工場側でも、ものづくり力の低下を懸念し、技能伝承の必要性を訴える声が強かったことがあると私は思う。

最終的に同年四月に七人の派遣労働者が正規化し、翌〇七年にも七人が正規化した。

三　説得

●高い組合費

組合加入を求められた非正規労働者の多くが指摘するのは組合費、そして組合費にみあうメリットのことである。イオンリテールでも「労組は正社員からお金を取れなくなったから、今度は私たちから取るんでしょう」と言われることもたびたびあった。小田急百貨店でも「一〇〇人いたら一〇〇人から」出された。組合費は正規労働者と同じ二%であったから、「二時間ただ働きね」とストレートな意見も多く出された。極めつけが、先に述べたケンウッド・ジオビットの「それだけあったら、ブランドもののバックや財布が買える」である。日本ハムでも、矢崎でも事態は変わらない。

●組合費の必要性

これに対しては、組合活動をするには一定の費用がかかることを素直に述べて、理解してもらうしかないと私は思う。八王子市職の専従書記長は「みんなの組合費で僕のお給料を出してもらって、僕はみんなのために仕事をしている」と説得する。日本ハムの組合リーダーも言うように「組合員への情報提供などの活動には一定の財源が必要であり、組合に加入し、組合費を納入することが、働きやすい職場につながる」ということを繰り返し述べるしかない。

組合活動にお金がかかることはわかった。けれども、お金を出して、どんないいことがあるの。次は、おそらくこういう質問になる。日本ハムの組合リーダーの次の言葉は正しいと思う。「組合費が高いというのは、裏を返せば組合が何をしてくれるのかわからないということ。この人たちにどう説明するか。やっぱり活動するしかない。それをみてどれだけ認識してくれるか」。

では、どうやって認識させるのか。

●誠実な対応

小田急百貨店の組合のリーダーは「組合を体感させる」ことが必要だと主張する。全員対話集会で非正規労働者からさまざまな不満、要望が出てくる。この際、対応できるものはすぐに対応する。先にみたように、喫煙室の換気の悪さが指摘されれば、すぐ性能の高い空気清浄機を設置するよう会社に求める、レジの椅子が座りにくければ、全部取り替えるよう会社に求めるというように。

日本ハムの組合は、非正規労働者の一部（五割強）を組織した後、本部と各支部に「パートナー専門委員会」を設置した。そこで、非正規労働者の意見、不満を聞いた。さまざまな不満が表明された。

「工場長だって最初は私たちが教えた。社員よりも知識、経験が豊富なのに、やっていることは社員と違わないのに、なぜ処遇に差があるのか」。積もり積もった不満が一挙に噴き出したというところだろうか。

だが、これらの不満に誠実に対応しなければならぬ。出された意見、要望がただちに解決できるものだとは限らない。組合はできるものと、そうではないものをはっきり区別して説明した。前者であれば、小田急百貨店の組合のように、すぐに会社に要求した。その結果、駐車場が舗装される、照明がつく、休憩室が改修されるというような目にみえる成果を獲得できた。後者については率直に次のように述べた。「組合に入ったことで賃金や労働条件が急上昇するとは申し訳ないが言えない。地道な活動をしていくしかないし、そのためにも皆さんから意見を出してもらわないと進まない。だから皆さんも組合に参加してほしい」。

非正規労働者が組合にさまざまな不満、意見、要望を素直にぶつけられる機会があれば、そして、小田急百貨店や日本ハムの組合のようにその場に誠実に臨めば、組合の活動は目にみえ、それを体感することができるようになるのではないか。できれば小田急百貨店の組合のように説明会とともに、そうした場を設定できれば（つまり組織化する前に）、非正規労働者の間にある「硬いしこり」も溶けていくような気がする。

●主体的参加

組合費を払うから、その見返りに何をもらえるのか。こういう発想を変えさせる。組合に入り、みんなで職場を良くし、労働条件を良くしていく。あなたはお客さんではないのだ。私たちと一緒に職場を良くする組合活動を担う重要なメンバーなのだ。組合費はそうした活動を支えるために必要なのであって、いわば、あなたは自分自身のために組合費を支払っているのだ。

言うまでもなく、イオンリテールの組合の組織化活動を貫く、一本の太い柱はこうした発想である。目から鱗が落ちるとは、このことを言うのかと私は思う。なるほど、お金を払って、誰かからサービスを受けるのではない。職場を良くする運動に主体的、積極的に参加し、そのために必要となる費用を自分が支払う。

同様の発想は他の組合でもみられた。たとえば、小田急百貨店の組合のリーダーも次のように説得した。「働くうえで何か問題があったときに、一個人が職場を通じて言うのも、なかなか声として通らないのが現状じゃないですか。（組合を通じれば）そういったことが言えるんです。加入された後に、どんどんわれわれを利用して下さい。少しでもみんなで良くしていきましょう」。

日本ハムの組合のリーダーが主体的参加を呼びかけたことは、前の引用からわかるだろう。矢崎の組合もそうである。「組合員として声を出してもらい、それを少しずつでも実現することができる」、それが組合加入の意義である。

●仲間による働きかけ

以上の二つが、非正規労働者を説得していく際の鍵となると私は思う。だが、あと二つほどあるのではないかと、事例を眺めながら思うのだ。

その一つが「仲間による働きかけ」である。イオンリテールの第二次・第三次加入活動、第四次加入活動では、すでに組合員となっていた非正規労働者の働きかけもプラスに働いたと私は思う。職場で、同じ非正規労働者として一緒に働く仲間からの呼びかけは、抵抗なく受けとめられるのではないだろうか。

ケンウッド・ジオビットもそうである。同じ非正規労働者でありながら、有給休暇を取得して、わざわざ自分のショップに来てくれた。そのことが魔法を起こした一つの原因だと私は推測する。

もし、そうであるとするならば、もっと、積極的にこの手段を利用した方がよい。

●人間関係

最後の鍵は、自分でも自信があるわけではないのだが、どうやら、日頃からの人間関係にもありそうだ。サンデーサンの組合リーダーは次のように述べた。店長と非正規労働者の人間関係が良好であると、組合費の問題についても「労働組合に入ることによって労働条件が守られる」と説明すると、「店長が言うのだから間違いない」と非正規労働者は思う。

日本ハムの組合でも、支部ごとの組織化率の違いは、日頃の組合活動の濃淡を反映していると。日頃から、非正規労働者の相談に乗っているかどうか、分け隔てなく非正規労働者にも対応しているか、これが違いを生む。

四　まとめ

●周到な準備

非正規労働者を組織化するかどうかを議論するのと並行して、普通は、どの層を組織化のターゲットにするかが議論される。サンデーサンの組合のように、まずは組織化するかどうかで激しい議論があったようなケースでは、方針決定後にターゲットをどうするかの議論となる。どちらであっても、ターゲットが決まらなければ、動きようがない。

組合経験のない者が、組織化の最前線に立つ場合には、しっかりと研修を行う必要がある。サンデーサンの組合、ケンウッド・ジオビットの組合がそうである。他方、日本ハムの組合のように、組織化の最前線に立つ組合役員がどうも自信がなさそうであると思われたら、ここでも研修をする必要がある。

イオンリテールの組合のように何万人もの組織化を行うのであれば、順序だてて組織化を進めた方がよい。イオンリテールでは非正規労働者を労働時間の長さと資格によって四つのグループに分け、四回に分けて組織化を行うことを計画した。比較的容易なグループから難しいグループへと、四年間で組織化を進める計画である。実際は、三年間で完了したが、そのくらいの慎重さが必要だろう。

派遣労働者を正規化したクノールブレムゼジャパンの組合では、リーダーが直接、派遣労働者の意向を聞いている。彼らが正規化に前向きでなければ、そうした運動は無駄だからである。

●組織化のスピード

組織化は、多くのケースで、職場に役員が出ていき、説明会を行うという形でスタートしている。イオンリテール、日本ハム、小田急百貨店、ケンウッド・ジオビット、矢崎、市川市保育園いずれもそうである。サンデーサンだけは、店長が店の非正規労働者に組織化を働きかけるという方法を採った。

だが、その成果という点では、事例による違いがみられる。小田急百貨店の組合は一ヵ月で対象者の八割から組合加入同意書を獲得し、四ヵ月で全員を組織化した。ケンウッド・ジオビットの組合は三ヵ月で九割から同意書を得た。市川市保育園では二ヵ月で八割。イオンリテールの組合のケースは他の組合と単純に比較できないが、一年目で三、六〇〇人のほぼ全員、二年目で七、二〇〇人の全員、三年目で三五、〇〇〇人のほぼ全員から加入同意書を得たのであり、組織化は計画どおり、順調に進んだといってよいだろう。

これに対し、日本ハムの組合は六割の壁をなかなか越えられなかった。組織化活動を開始してから二年半近くたって、ユニオン・ショップ協定を締結することに成功し、その後二ヵ月でようやく一〇〇%から同意書を得られた。サンデーサンの組合も最初の一ヵ月で六割から加入同意書をもらったが、それが八割に達するのは一年半近く経ってからである。

組織化のスピードは速ければ速いほどよいと私は思う。できるだけ短期間に、できるだけ多くの者から同意を得る。このスピード感が大切である。

そう考える理由は二つある。一つは、時間が経てば経つほど、組織率を引き上げることは難しくなる。企業別組合が結成された場合の、結成時の組織率と調査時現在の組織率とを比較した研究によると※1、組織率に大きな変化はない。つまり、組合結成時に三割しか組織できていなかったら、三割を大きく増やすことは難しい。逆に八割以上組織化していれば、時が経っても組織率が八割を大きく下回るようなことはない。だから、最初に、できる限り多くの人を組織化した方がよい。

二つには、組織率の伸びが停滞すると、今度は組合に入った者から不公平だという声が漏れ始め、組織の団結にマイナスの影響を及ぼす。私は組合費を払っているのに、払っていない人も私と同じように組合活動の成果を得ている、それは不公平じゃないかと。

そのためには、組合本部の進捗管理が重要となってくる。定期的に進捗状況を報告させ、遅れている場合の原因を探り、対策を考案する。こうしたＰＤＣＡ（Plan-Do-Check-Action）サイクルを回し続ける必要がある。非正規労働者の組織化であっても、管理のサイクルは回し続けなければならない。

●ユニオン・ショップ協定

公務を除けば、ユニオン・ショップ協定の威力は抜群である。もっとも、イオンリテール、小田急百貨店、ケンウッド・ジオビット、サンデーサンの組合では八割から九割あるいはそれ以上の組織化が達成された後に、会社に協定締結を申し込んでいる。だから、まずは組織化努力ありきということになる。

これに対し、広島電鉄、矢崎の組合はユニオン・ショップ協定締結を申し入れ、会社に承諾させた。このうち、矢崎の場合は、事前にオルグ集会を開き、対象となる非正規労働者の了承を得ている。

日本ハムの組合は、協定締結を何度も会社に申し入れるが、断られ続ける。組織率は六割のままである。このケースでは、非正規労働者を対象とする新人事制度の導入に関する労使協議で、すでに加入していた非正規労働者の意見を組合が集約し、彼らに発言させたことが大きな意味を持ったと思う。そのことが、会社に、非正規労働者の声を代表する組織としての組合の意義を認めさせた。だから、六割にもかかわらず、ユニオン・ショップ協定の締結に応じた。そう考えれば、このケースは組織率の停滞に悩む組合にとって、一つの手段を教えたことになる。非正規労働者の声を組合を通じて会社に伝えよ、そうすれば会社も組合の存在意義を知ることになる。

●説得

組合費が高い。必ず言われることである。だから、そんなに気にする必要もないのかもしれない。それよりも、非正規労働者の不満、意見、要望に耳を傾け、組合が体感できるような対応をする。

組合費を払うから、その見返りに何をもらえるのか。こういう発想を変えさせる。あなたはお客さんではない。みんなと一緒になって、職場を良くし、労働条件を良くしていく仲間なのだ。組合費はそうした活動を支えるために必要なのであって、あなたは自分自身のために組合費を支払っている。こう納得させる。

これらが組織化を成功裏に導く二つの重要な鍵である。

さらに、同じ非正規労働者による、仲間による組織化も、彼らを説得する一つの鍵になるかもしれない。そして、日頃、職場でどんな人間関係を築き上げているか、これまた組織化にとって重要な鍵となる。

※1 中村圭介「縮む労働組合」(中村圭介、連合総合生活開発研究所編『衰退か再生か：労働組合活性化への道』勁草書房、二〇〇五年、所収、二七－四六頁)。

第五章

壁の崩壊

一　成果

壁を壊した。非正規労働者を組織化した。その成果は多くの場合、非正規労働者の労働条件の向上という形で表れる。当然のことである。正規労働者は自らの危機を回避するために、非正規労働者に組合に「入ってもらった」のであって、非正規労働者を組合に「入れてあげた」からではないからだ。「入ってもらった」以上、何がしかのお礼が必要となる。日本ハムの組合のリーダーは次のように言う。「組織化したら自然とそうなるのではないか。組合に入ってもらった以上は入ってよかったと思ってもらうようにしなければいけないし……」。

●労働条件の向上

イオンリテールでは、従来は正規と非正規の間で違っていた買い物割引率を同一にした、勤続一年以上の非正規労働者の育児・介護休暇取得を認めた、一時金、時給のアップを実現した、通勤手当全額支給（上限三万円）を認め、時間外割増率を三〇％にしたなど、均等待遇に向けた処遇改善が進んでいる。

日本ハムでは、ユニオン・ショップ協定締結のきっかけとなったと考えられる、非正規労働者に対する新しい人事制度の導入をまずあげるべきであろう。これ以外にも、〇七年春闘における七〇〇円の賃金アップ（非正規労働者だけで、正規労働者の賃金引き上げは要求しなかった）、非正規労働者の再雇用制度の導入、正規労働者への登用制度の見直し要求などがある。

ケンウッド・ジオビットでも、公約どおり健康保険の保険料率を一、〇〇〇分の八二から一、〇〇〇分の七一に引き下げた。ケンウッド・グループ・ユニオンと本社が協議し、統一的な「有期契約社員の賞与支給原則」が定められた。これにより、勤続一年以上の非正規労働者については、一律配分部分は正規労働者の三分の二、業績反映部分は正規労働者の四〇％程度が支給されることになり、結果的に、それまで年間二ヵ月だったボーナスが引き上げられた。有給休暇も権利として取得できるようになった。育児休業の取得も、普通に要求できるようになり、非正規の店長で育児休業を取得した人が出た。それらの結果、非正規労働者の定着率が向上した。

サンデーサンでは、非正規労働者の爆発の発端となった年齢給の廃止は撤回され、調整給として支給されるようになった。店舗で取る食事の自己負担率を喫茶類に関して七五％から五〇％へと引き下げた（料理の自己負担率の五〇％は据え置き）。通勤手当の上限を一〇、〇〇〇円から一五、〇〇〇円へと引き上げた。定着率は〇六年二月末現在七七・七八％であり、同業他社に比べて、高い水準にある。

市川市保育園でもいろいろと労働条件向上を勝ち取った。最初の成果は夏期休暇を五日間から六日間に増やしたことである。その後、忌引き休暇の有給化、病気休暇の一部有給化、産前産後休暇の日数増加、健康診断の実施、交通費全額支給など次々と勝ち取っている。

均等待遇を目指して――矢崎

矢崎の組合は、現在、正規労働者と非正規労働者との違いを一つひとつ点検している最中である。同じく組合員だからということで、すべての処遇を正規と非正規で同じにすべきとの要求には、会社は強い抵抗を示す。だから、実現は容易ではない。一歩一歩、前進していこうということを労使で確認したところである。もっとも、賃上げ率については、正規社員と同率を適用しているが。

非正規労働者から正規労働者への登用ルールが不明確だという問題もあるし、また、非正規労働者自身も自らの賃金制度についての認識が曖昧だという問題もある。これらの問題も解決していきたいと考えている。

将来的には、正規、非正規の賃金体系を統一していきたいというのがリーダーの希望である。そのためには、正規労働者と非正規労働者との違いは何か、仕事の質、仕事の範囲、職務能力、責任のそれぞれにおいて、どのような違いがあるのかを突き詰めていかなければならない。それで初めて、個々人をどう評価し、格付けすべきかがわかる。合理的な賃金格差とは何かがわかる。組織防衛から始まった非正規労働者の組織化は、均等待遇を目指す地平にまで辿り着いたというべきか。

契約社員制度その後——広島電鉄

広島電鉄では二〇〇一年七月に、一年契約、年俸制という契約社員制度が導入された。組合も、組合員も導入には反対しなかった。その代わりに、新しい契約社員を組合員とすることを求めた。この制度はその後どうなったのであろうか。

組合は非正規労働者の正規労働者への登用制度の制定を求めた。〇四年一〇月から第二正社員制度が導入された。契約社員は三年間勤続した後には第二正社員に登用され、労働条件面での変化はないが、雇用は六〇歳まで保障されるようになった。広電の組合のリーダーによれば「この提案が〇三年になされたとき、契約社員たちは胸をなでおろしたようです。契約社員の中には、契約更新に対する強いプレッシャーを感じている人もいました。実際、重大な過失による事故を起こした場合や勤怠の面などで、契約更新されない人もいましたから」。

また、組合としては、非正規労働者のボーナス要求も当初より行っており、会社の業績が良いこともあって、毎年、前年度プラスαを勝ち取っている。月例賃金の引き上げ要求は〇六年春闘から始めるようになったが、ゼロ回答が続いている。

賃金制度の統一と非正規労働者の静かな反乱

〇六年の労使協議会の場で、組合は第二正社員の処遇改善要求（退職金制度、労働時間制度、寮社宅の利用、有給休暇日数の増加）を行うとともに、「職種・職責」に応じた新たな賃金制度の導入と労働条件の統一についての話し合いが行われた。組合の要求に対して、会社は賃金専門委員会などで協議したいとの回答を行った。

チャンスである。組合はそう考えている。現在、定期昇給制度がなく、毎年の春闘で前年度の各人の賃金に積み上げていくというやり方をしている。統一的な賃金制度ができれば、正規・非正規の壁はなくなる、いやなくしていきたい。こう考えている。

労使間で、統一的な賃金制度を検討していくとの合意が図られたということを聞いて、会社を辞めようとした非正規労働者が離職を思いとどまったという話を、リーダーは何人かから聞いている。この話を現実のものにしないと、非正規労働者がますます辞めていってしまうという危機感をリーダーは持っている。

「ますます辞めていってしまう」。実は、非正規労働者の中には、広島電鉄で資格を取得した後に退職して、他の会社に移ってしまう人が、特に最近、増えつつある。電車運転士の場合、新人を社内で養成し、資格を取得させる。資格を取るまでの半年間、座学、実地教育、乗務訓練などかなりの投資を行う。その間、給料を支払っていることを考えれば、投資費用はけっこうな額になる。だが、資格を取得すると、他の会社に移ってしまうのだ。もちろん、契約社員制度などない会社に。非正規労働者の静かな反乱である。だから、リーダーは危機感を持っているのだ。

二　組合活性化

非正規労働者を組織化したのは、正規労働者から成る組合のリーダーたちが集団的発言メカニズムの危機、代表性の危機を察知したからだ。だから無事、組織化に成功すれば、集団的発言メカニズムは十分に機能するようになるだろう。代表性の揺らぎも去る。それは別の視角からみれば、組合が活性化するということである。もちろん、正規ばかりでなく非正規の組合員の活性化である。

支部の活発化――イオンリテール

非正規労働者の組織化を終えて、明らかに運動が変わった。何よりも支部（店舗、事業所など）の活動が活発となった。非正規労働者の組合への関心は高く、集会などでも積極的に発言し、活動への参加も非常に積極的である。年齢層も広がり、地域活動への参加経験もある人もいる。組合全体が良い方向に変わりつつある。〇八年に組合が実施した意識調査でも「組合について、この間、良い変化が起こっている」と感じる組合員が増えているという結果が出た。「職場を良くする運動」が非正規労働者を巻き込み、会社全体に広がりつつあるということだろうか。

非正規労働者は組合役員にも多く選出されている。専従役員四三人のうち、非正規労働者の専従役員は三人。支部の執行委員の三割は非正規、支部職場委員になると五割が非正規である。まさに、非正規労働者を取り込んだ組合運動に変わりつつある。

それにともない、組合活動の軸を本部・ブロック主導から、エリア（県単位）・支部へと移すようになってきた。今後も、組合の機能を徐々に、エリア・支部など、より職場に近いところ、組合員が実際に働いているところに移管していこうというのである。

支部役員の変化——日本ハム

日本ハムの支部役員は、非正規労働者の組織化を自分たちがやるとわかったら、とても消極的になった。だが、実際に組織化をして、非正規労働者の不満、要望などを聞き、それに取り組むようになると変わってきた。リーダーによると「はじめは、組織化は自分たちがやるのと言っていた支部の執行委員も、自分が職場で勧誘した組合員から『ねえ、あのことどうなっているの?』と聞かれれば、自然と頑張るようになる」。そうした経験を積み重ねていくことによって、労働組合の意義や役割について自分の言葉で語ることができるようになっていった。非正規労働者の組織化が彼らを育てた。

非正規労働者を組織化し、彼らの労働条件の引き上げや制度改定に組合は取り組んだが、これもまた支部役員に良い影響を及ぼした。自分たちには直接関係のない項目であっても、非正規労働者のために支部としてしっかり取り組むという意識が共有されるようになり、支部の結束力強化につながった。

非正規労働者組織化のグループへの広がり――ケンウッド・ジオビット

非正規労働者の組織化活動がジオビットだけでなく、ケンウッド・グループにも広がった。これもまたある意味での組合活性化と言えよう。

きっかけは二つ。一つは、二〇〇六年からケンウッド本社とケンウッド・グループ・ユニオンが締結するグループ単位の労働協約がグループ各社に適用されるようになったことである。ここで、ジオビット以外の子会社の非正規労働者を放っておくのはおかしいのではないかという疑問が組合内部から起こるようになった。つまり、ジオビットの非正規労働者に適用される協約が他の子会社の非正規労働者に適用されないという事態は、グループ単位の労働協約の価値を損ねるのではないかということである。

もう一つは、別の子会社で、非正規労働者（もちろん、ユニオン・ショップ協定の外に置かれていた）が雇い止めされ、そのことを不服として、支援を求めて他の組合に駆け込んだという事件が起こったことである。この事件は、結局は、非正規労働者本人と話し合い、例外的に組合に加入させる（職場復帰させる）ことで決着がついた。だが、この事件は、組合に、もちろん会社にとっても、複数の組合が存在することの手間や苦労を実感させることになった。

このような経過を経て、二〇〇八年、ケンウッド本社とケンウッド・グループ・ユニオンは

「有期雇用契約社員の労働組合加入に関する覚書」を締結。これでグループ全体で、非正規労働者が組織化されることになった。

非常勤職員問題――市川市保育園

地方公務員の臨時職員と非常勤職員に、いったいどんな違いがあるのか私にはよくわからない。だが、法解釈では次のような違いがあるらしい。少なくとも市川市ではここでみるような違いが問題となった。

*臨時職員―雇用期間は六ヵ月、一回の更新で最長一年まで。一時金の支給対象。
*非常勤職員―雇用期間は一年、更新可能。勤務時間は正規職員の四分の三。一時金支給対象外。

市川市保育園の非正規労働者は、もともとは前者の臨時職員であった。契約更新は最長一年までとなっていたが、中断期間を設けて（たとえば三月の中旬に退職して、四月に再度採用されるというように）、雇用は継続されていた。ところが二〇〇五年、こうした臨時職員が地方公務員法に抵触するという事件が報道された。市川市も対応を迫られ、〇六年三月に当局、市職、保育労からなるワークルール確立検討委員会を立ち上げ、この問題を検討することになった。検討委員会の報告を受けて、当局は、違法性の排除、雇用の継続性確保、処遇改善の三つを同時に実現する方法として、臨時職員を非常勤職員へと変更することを市職、保育労に提案した。先の比較からわかるように、この変更は、一時金の廃止、勤務時間の短縮による月収のダウンをともなう。

〇七年一〇月に開催された第一回拡大職場委員会は大荒れに荒れた。一時金廃止による大幅な年収ダウンに対して、猛烈な反対意見が組合員から出された。中には「執行部も当局側なのではないか」といった執行部批判も出された。

自己改革

実は保育労執行部はこの問題をよく理解できていなかったらしい。この場で、組合員から質問や意見が出されても、後ろを振り向き、そこに座っていた市職の役員（特別執行委員）に代わって答えてもらうこともあった。

これではだめだ。リーダーはそう思った。「自分たち執行部がきちんと問題を理解しないと、当局にも組合員にも説明ができない」、「他人に頼っていてはダメだ」。

臨職から非常勤への移行は、法解釈からみても避けられない。必要なことは、どうしたら、プラスの部分を増やせるのかだ。こう考えを変えた。それから、組合員の不安、悩み、意見を直接聞き、それを組合案に反映させるように努めた。

この問題は、組合が勤務時間の上積みと時給の上積みを求めて、最終的には当局がそれを認めて妥結することになる。同時に、通勤手当の全額支給も勝ち取っている。

ここで重要なことは、この問題をきっかけに、非正規労働者から成る組合が自立したということである。正規労働者の組合への依存から、独立独歩へ。大きな変化である。

「組合ができるまでは思うことや改善したいことがあっても、単なる愚痴に終わっていた。しかし、組合として要求書を提出し、当局と対等に交渉できる場があるということは非常に大きな変化であった。今では、日常においても何かあったときに保育課に行くと、すばやく対応してくれるなど意思の疎通が図られている」。リーダーの言葉である。

活況を呈する組合員集会——サンデーサン

サンデーサンの組合では、非正規労働者の組合員を対象とした集会を毎年、開催している。今では支部ごとに年に二回開いている。集会では現在、組合が取り組んでいる課題を紹介し、産別の共済制度を説明した後、マナー講座などのセミナーを行っている。他の店舗の非正規労働者と職場での悩みを話すことができてよかった、横のつながりができてよかったなど好評である。セミナーについても、直接、仕事で使えるなど評判が高い。

最近の人気セミナーは、組合本部が主催するビューティ・レッスン。男子禁制。化粧をせずに集まってもらい、講師が実際に指導しながら、化粧の仕方、髪の結い方などを教える。非正規労働者の多くが女性で、接客業という仕事柄、すぐに役立つと毎回、参加者が多い。

実は、会社は業績不振に陥った一五年前から研修を一切行わなくなった。だから、組合が代わりに、勉強会や研修会を企画し、実施している。それもあって、非正規労働者の集会が活況を呈しているのである。なお、学生アルバイトの組合行事への参加率は高い。若者、女性の組合離れという図式はここでは当てはまらない。

三　壁を壊す

●集団の浸食

正規労働者からなる集団は、非正規労働者によって浸食されつつある。今や、非正規労働者は職場のごく一部を占めるだけではなくなっている。会社によっては圧倒的多数を占めることもある。会社全体で、過半数に届かなかったとしても、事業所では過半数を占めていることもある。まだ正規労働者に比べて少ないとはいえ、二割、三割を占めることもある。

●二つの危機

この非正規労働者による浸食によって、正規労働者の集団は二つの危機に直面することになった。集団的発言メカニズムの危機であり、代表性の危機である。だが、深刻な問題は正規労働者集団のリーダーがこの危機を察知していないことである。

●集団的発言メカニズムの危機

集団的発言メカニズムの危機とは、非正規労働者が抱く不満、要望、意見が正規労働者にも、会社にも表明されず、その結果、生産性が低下するということである。不満を抱きながら働き続ける非正規労働者がいる。彼らは経営や人事管理の不備について発言しない、仕事や賃金についての不満も表明しない、日常的に職場で起こっている問題についても発言しないし、解決策も提案しない。正規労働者に対して、気楽に意見を言い、協力して仕事に取り組んでいくこともない。職場の雰囲気は停滞し、みんな生き生きと働かなくなる。

不満に我慢できずに離職する非正規労働者がいる。それにともないさまざまな費用が発生する。目にみえる費用ばかりではない。人事担当者は本来ならば違う仕事ができた時間を、代わりの非正規労働者を募集、採用するために割かなければならない。新人の非正規労働者に仕事を覚えてもらうためには、職場のベテランが、自分の仕事をせずに、その人を教えなければならない。非正規労働者が突然辞めれば、職場の同僚たちが代わりの非正規が来るまでの間、穴を埋めるために、自分たちの仕事以外の仕事をしなければならなくなる。費用の多くは正規労働者が負うことになる。

●代表性の危機

今や、非正規労働者が少数派とはいえなくなった。このことはすぐにわかる。だが、この事実が代表性の危機をもたらすかもしれないという自覚にはストレートにはつながらない。リーダーたちの多くは、事態の深刻さに気がつかない。

非正規労働者が仕事や賃金などに不満を持った場合、それらを解消するために自ら立ち上がることはできる。独立の組合をつくるか、仲間を過半数代表者に選べばよいのだ。正規労働者から成る企業別組合は、ライバルユニオンを抱えるか、あるいは少数派に転落する。いずれにせよ良好な労使関係を維持していくことは難しくなろう。この可能性、いやリスクといってもよいかもしれないが、それにリーダーたちはなかなか気づかない。

良好な労使関係が維持できなければ、当然のように、集団的発言メカニズムも危機に瀕する。生産性は低下する。

●危機の察知

正規労働者の集団が危機に陥っている。リーダーたちはどうやって察知するのか。アンテナの感度を高め、職場を見回り、職場や会社をおおう雰囲気を感じ取る努力が必要となる。

会社の先行きに不安はないかどうか。会社に不祥事があったり、連続赤字になったりすれば不安を感じるであろう。では先行き不安を組合としてどのように克服できるのか。正規労働者だけの組合活動、職場での活動を活性化することによって、この問題に取り組んでいけるのかどうか。これをじっくりと考えなければならない。正規労働者だけの発言メカニズムでは不十分だと思ったら、非正規労働者を組織化しなければならない。

職場での一体感の不足、コミュニケーション不足、閉塞感などが、なんとなく感じられるのであれば、それは集団的発言メカニズムが機能していない表れだ。また、非正規労働者の離職率が高止まりして、その対応に正規労働者が常日頃、追われているというのであれば、これまた同じく機能不全が起こっている証拠である。その閉塞感を打ち破るためには、そして正規労働者の肩に重くのしかかっている負担を軽減するためには、非正規労働者を組織化しなければならない。

代表性の揺らぎはすぐにわかる。会社全体、あるいは一部の事業所で正規労働者が過半数を占めていないのならば、代表性は揺らいでいる。適切な手続きで過半数代表者を選出したとき、自らの労働組合の代表者が選ばれると確信を持って言い切れるかどうか。今や過半数を占めるようになった非正規労働者たちが、公明正大な手続きにのっとって投票し、あるいは手を挙げて、過半数代表者を選ぶときに、非正規労働者の代表を選ぶはずはないと自信を持って言えるだろうか。あるいは彼らが、他の組織の支援を受けて、独立の組合をつくろうとする動きはないかどうか。不当解雇事件などをきっかけに、他の組合に駆け込んだとしても、そうした動きが広がるはずがないと言えるかどうか。もし、少しでも、その可能性があると感じたら、それは危機を察知したことになる。

リーダーたちが危機を察知する。これで最初の、高く、厚い壁を壊すことができる。非正規労働者のために、彼らを組織化するのではない。自らの危機を克服するために、非正規労働者を組織化するのだ。そう考えられれば、壁は壊れる。

●危機意識の共有

次にリーダーたちを待ち受ける壁は仲間の説得である。執行部そして一般組合員の説得である。執行部のメンバーや一般組合員に危機意識が共有されていれば、壁はないに等しい。だが、問題は危機意識はなかなか浸透しないということである。

●既得権益への執着

まずは既得権益を守りたいという思いが、正規労働者の側にある。非正規労働者を組織化すると、自らの労働条件が引き下げられる、あるいは期待以上には上がらない。雇用保障の程度が弱くなる。

こうした後ろ向きの抵抗を乗り越えるためには、二つの方法がある。一つは、今、正規労働者の集団は危機にあって、それを克服しなければ、守るべき既得権益も危ういと説くことである。会社が傾いたら、職場に重苦しい雰囲気が充満し、正規労働者の負担が増したら、いったい、既得権益は守りきれるのかどうか。危機の状態のままでいることのコストを理解させることである。

もう一つは、労働組合の原点に立ち返ることである。労働組合は、働く労働者みんなの利害を代表する組織ではなかったか。連帯、公平、正義という美しい言葉を使うべきは、この状況においてである。誰も反論などできやしない。

●それでも残る不安

それでも不安が残ることはある。非正規労働者を組織化するためには、労働組合とは何か、組織化はなぜ必要なのかを彼らに向かって説かなければならない。だが、本音を言えば、自分たち自身もそのことを深く考えたことはない。それなのに、非正規労働者を説得できるのかどうか。管理する側とされる側。これまで、いわば対極にいた者同士が手を取り合うことはできるのだろうか。手を取った結果、管理が難しくなるのではないか。仕事に支障をきたすことになるかもしれない組織化に、どうして乗り出さなければならないのか。

こうした不安を解消する方法は、ここでも二つ。一つは、労働組合、人事管理、労使関係について、基礎から学んでもらうことである。もちろん、組織化の最前線に立つであろう正規労働者に学んでもらうのである。

もう一つは、似たような状況に置かれ、それでも非正規労働者の組織化に成功した事例を、直接、みることである。百聞は一見に如かず。組合運営、職場集会、非正規組合員集会などで、実際に、何が起こっているのか。非正規労働者たちは何を求め、どんな発言をしているのか。正規労働者にどのような変化が起こっているのか。これを直接、確かめる。それによって、自分たちの不安は、ほとんどの場合、全くの杞憂であることに気づく。

こうして仲間たちの説得という二番目の壁を壊すことができる。

●組織化の準備

ここまで来たら、いよいよ非正規労働者の組織化の実践である。非正規労働者の、特にどの層を組織化のターゲットにするのか、対象人数が多い場合は、どのようなスケジュールで進めるのかを決めなければならない。また、組織化の最前線に立つことが期待される組合役員がいまだ不安を持っているようであれば、研修をする必要もあろう。組織化マニュアル、組織化Q&Aがここで生きてくる。

●組織化の実践

組合役員が職場を訪問し、そこで非正規労働者を対象に説明会を開き、自分たちの思いを語り、組合に入ってくれるようお願いする。加入同意書を配り、サインをもらう。これが通常のスタイルである。

その際、組織化のスピードに注意したい。できれば、短期間で、できるだけ多くの非正規労働者を組織化したい。たとえば、最初の説明会で加入同意書をもらえたのが全体の六割にとどまれば、その後、この六割を超えるのはなかなかに難しい。そしてその間、すでに加入した非正規労働者には不満が募る。なぜ、組合費を払ってもいないのに、彼らは私たちと同じような成果を享受できるのかと。この不満がこわい。

そのためには、組合本部は、組織化の進捗状況をしっかりと管理する必要がある。組織化活動においても、ＰＤＣＡはしっかり回さなければならない。遅れが出ていれば、理由は何か、対応策は何かを迅速に考え、実行に移さなければならない。

●ユニオン・ショップ協定

公務を除けば、ユニオン・ショップ協定の威力はすごい。ぜひ、会社と交渉し、協定を締結したい。もちろん、締結の前提として、八割あるいは九割を超える非正規労働者から加入同意書を獲得できれば、スムースに行くだろう。

だが、残念ながら、組織率も上がらず、会社が締結ＯＫと言ってくれない場合もある。その場合には、非正規労働者の声を代表する組織としての組合の意義を認めさせる機会をつくる必要がある。非正規労働者を対象とした人事処遇制度の導入にかかわる労使協議でもなんでもよい。組合が非正規労働者（ほとんどすべてではないにしろ）の意見を集約し、伝えてくれるからこそ、良い制度ができると会社に思わせることである。そうすれば、会社もユニオン・ショップ協定の締結に前向きになる。

●説得

組合費が高いという文句は必ず出る。だからそんなに気にする必要はない。それよりも、非正規労働者の不満、意見、要望に耳を傾け、組合が体感できるような対応をする。組合費を払うということは、そういうことなのかと実感してもらう。

あるいは非正規労働者の発想を転換させる。組合費の見返りに何をくれるのか。これを変える。あなたはお客さんではない。みんなと一緒になって、職場を良くし、労働条件を良くしていく仲間なのだ。組合費はそうした活動を支えるために必要なのであって、あなたは自分自身のために組合費を支払うのだ。こう納得させる。

これらが組織化を成功裏に導く二つの重要な鍵である。

さらに、同じ非正規労働者の仲間たちによる組織化、日頃から築き上げてきた職場の人間関係も鍵となる。

こうして、最後の壁を壊す。非正規労働者の組織化に成功する。

●成果

組織化の成果は、まずは非正規労働者の労働条件の向上というかたちで表れる。当然の結果である。正規労働者の組合は、自らの危機を克服するために、非正規労働者の組織化に乗り出したわけであって、いわば非正規労働者に「組合に入ってもらった」。「入ってもらった」以上、なんらかのお礼が必要だ。間違えてはいけない。非正規労働者を組合に「入れてあげた」のではなく、彼らに組合に「入ってもらった」のだ。

成果はそれにとどまらない。新しいメンバーが入り、組合活動全体が活性化する。非正規労働者が組合活動に積極的に参加する。それだけではない。正規労働者にも活気が満ちてくる。こうして集団的発言メカニズムの危機も、代表性の危機も去っていく。

「壁を壊す」

チェック・シート

ここまで読んでくれて、非正規労働者の組織化に立ち向かう心構えはできただろうか。非正規労働者のためではなく、自分たちのために彼らの組織化に取り組む必要がある。これがポイントである。正規労働者の集団が、非正規労働者によって浸食されつつある。それが二つの意味で危機をまねく。その危機をいかに察知するか。これが出発点である。この、最初の、高く厚い壁を壊すことができたら、あとの壁を壊すことはさほど難しくはない。

今までの議論を簡潔にまとめて、「壁を壊す」チェック・シートを作成してみた。これに沿って、もちろん、自分なりの工夫を重ねながら、一つひとつ壁を壊し、非正規労働者を組織化していってほしい。それが日本の労働組合の活性化につながっていく。私は真面目にそう考えている。

Check Sheet 「壁を壊す」チェック・シート① 集団の浸食

集団の浸食

↓

危機の察知 ……… 第一の壁。最も高く、厚い壁

↓

組織内の説得 ……… 第二の壁

↓

組織化の実践 ……… 第三の壁

↓

壁の崩壊

↓

成果

正規労働者から成る集団が非正規労働者に浸食されつつあるかどうかをまずチェックしよう。会社全体だけではなく、事業所ごとにみてみる必要もある。なお、派遣労働者を非正規労働者に含めるかどうかは、それぞれの事情に応じて、自分たちで決めればよい。

①正規労働者数＝［　　　］人
非正規労働者数＝［　　　］人

②非正規労働者比率
＝非正規労働者数÷（正規労働者数＋非正規労働者数）
×100＝［　　　］%

③事業所数＝［　　　］ヵ所

④非正規労働者比率が５割を超えている
事業所数＝［　　　］ヵ所

⑤非正規労働者比率が３割から５割の
事業所数＝［　　　］ヵ所

Check Sheet 「壁を壊す」チェック・シート② 危機の察知

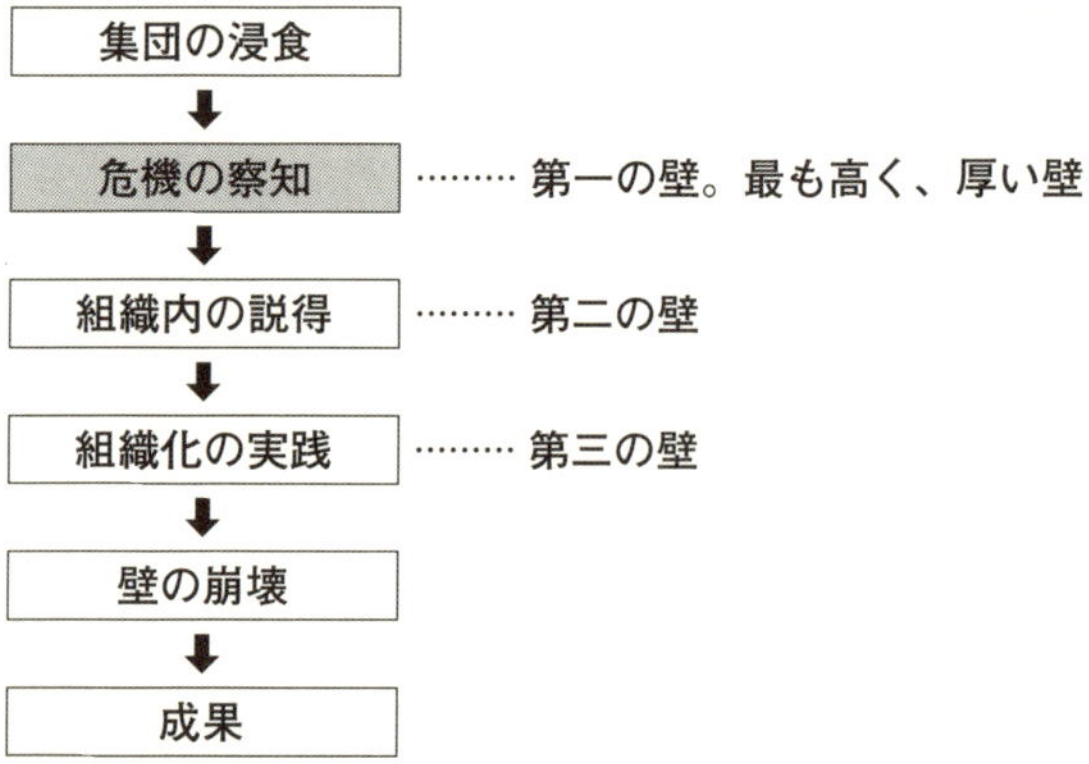

集団的発言メカニズムの危機、代表性の危機があるかどうかをチェックしよう。

①業界動向や会社の業績の把握、あるいは労使協議での議論をとおして、会社の先行きを探る。

ポイント 先行きに不安を感じるとき、組合として何ができるか、何をしたらよいのかを考える。今の体制で十分に対応できるかどうか。

②職場をこまめに歩き、職場をおおっている雰囲気、コミュニケーションの状況（社員間もあれば、上司部下のもある）を感じ取る。

ポイント 職場の一体感の欠如、重苦しい雰囲気、コミュニケーション不足が感じられるかどうか。

③非正規労働者の離職率の状況を調べる。

ポイント 非正規労働者の離職率が高く、正規労働者への負担が重くなっていないかどうか。

④非正規労働者が過半数代表者に選ばれる可能性を確かめる。

ポイント　公明正大な選出手続きをとったとしても、必ず正規労働者の労働組合代表が選ばれるかどうか。すべての事業所において、選ばれるか。

⑤非正規労働者が独立の組合をつくる可能性を確かめる。

ポイント　過去において、そういうことがあったかどうか、非正規労働者の間でそういう動きがみられるかどうか、あるいは将来、そうした動きが出てきそうな芽があるかどうか。

Check Sheet 「壁を壊す」チェック・シート③ 組織内の説得

集団の浸食
↓
危機の察知 ……… 第一の壁。最も高く、厚い壁
↓
組織内の説得 ……… 第二の壁
↓
組織化の実践 ……… 第三の壁
↓
壁の崩壊
↓
成果

組織内を説得することが容易かどうかをチェックしよう。容易に説得が進まない場合、いくつかの原因があるが、それぞれについて、次のように対応しよう。

①リーダーの危機意識は共有されているかどうか。

ポイント 組織内で危機についての議論を行ったかどうか。会議や集会の場で、自分たちに迫る危機を十分に説明し、理解をしてもらう努力をしているのかどうか。

②既得権益への執着。これまで正規労働者が享受してきた労働条件、雇用保障が非正規労働者を組織化することによって悪化することを懸念する声がある。

ポイント 危機を放置しておくことによって、これまでの既得権益そのものが危うくなると説く。

ポイント 労働組合とは何かの基本に返り、連帯、公平、正義の理念を訴える。

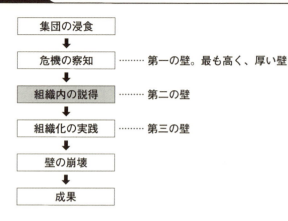

③それでも残る不安。非正規労働者に向かって組織化の必要性を説き、彼らを説得するほどには労働組合のことを知らない。非正規労働者を組織化することで、組合員同士でありながら管理・被管理の関係にあることになり、仕事に支障をきたすのではないかと不安に思う。

ポイント　労働組合、人事管理、労使関係の基礎知識についての研修を行う。組織化マニュアルについての研修も行う。

ポイント　同業種の、先進、成功事例を紹介してもらい、実際にどんなことになるのかを知ってもらう。

Check Sheet 「壁を壊す」チェック・シート④ 組織化の実践

集団の浸食
↓
危機の察知 ……… 第一の壁。最も高く、厚い壁
↓
組織内の説得 ……… 第二の壁
↓
組織化の実践 ……… 第三の壁
↓
壁の崩壊
↓
成果

いよいよ組織化の実践である。労働組合として組織化活動の進捗管理をしっかりと行い、いわゆるPDCAのサイクルを回す必要がある。目標はできるだけ短期間にできるだけ多くの非正規労働者を組織することである。

①組織化の対象を確定する。

ポイント 非正規労働者をすべて対象にするか、あるいは一定の条件を満たしている非正規労働者だけを組織化するか。

②組織化スケジュールを確定する。

ポイント 組織化の最前線に立つ正規労働者への事前研修が必要かどうか。もし、必要ならば、それを組み込んでスケジュールを決める。

ポイント 組織化する対象が多すぎて、短期間で一挙に組織化することが物理的に（組織化に注ぐ労力、時間、費用などの面で）難しいかどうか。難しい場合、非正規労働者を一定

の基準でいくつかのグループに分け、比較的容易なグループから組織化を進めるようなスケジュールを定める。

③職場説明会をスタートする。

ポイント　非正規労働者を組織化するにいたった背景、労働組合の役割、非正規労働者に期待することなどを説明し、加入同意書を獲得する。

④組織化の進捗管理を行う。PDCAサイクルを回す。

ポイント　進捗状況を把握し、遅れている支部の原因、背景、対応策などを検討する。その際、進んでいる支部から学べるものは積極的に学んでいくようにする。

ポイント　組織化の進捗状況がバラバラになり、全体としていつの間にか停滞してしまうことを極力避ける。

⑤ユニオン・ショップ協定を締結する。

ポイント　ターゲットの非正規労働者の8、9割以上から加入同意書を獲得するのに成功したら、会社とユニオン・ショップ協定の締結交渉を行う。

ポイント　組織率がなかなか8割を超えず、会社もユニオン・ショップ協定の締結を渋る場合は、さまざまな機会を利用して、非正規労働者の要望、意見を会社に伝え、組合が彼らの代表者として重要な役割を担っていることを会社に認めさせる。逆に、組織していない非正規労働者の要望、意見は会社には伝えられていないこと、彼らへの周知は会社の義務であることを強く主張する。

Check Sheet 「壁を壊す」チェック・シート⑤ 成果のチェック

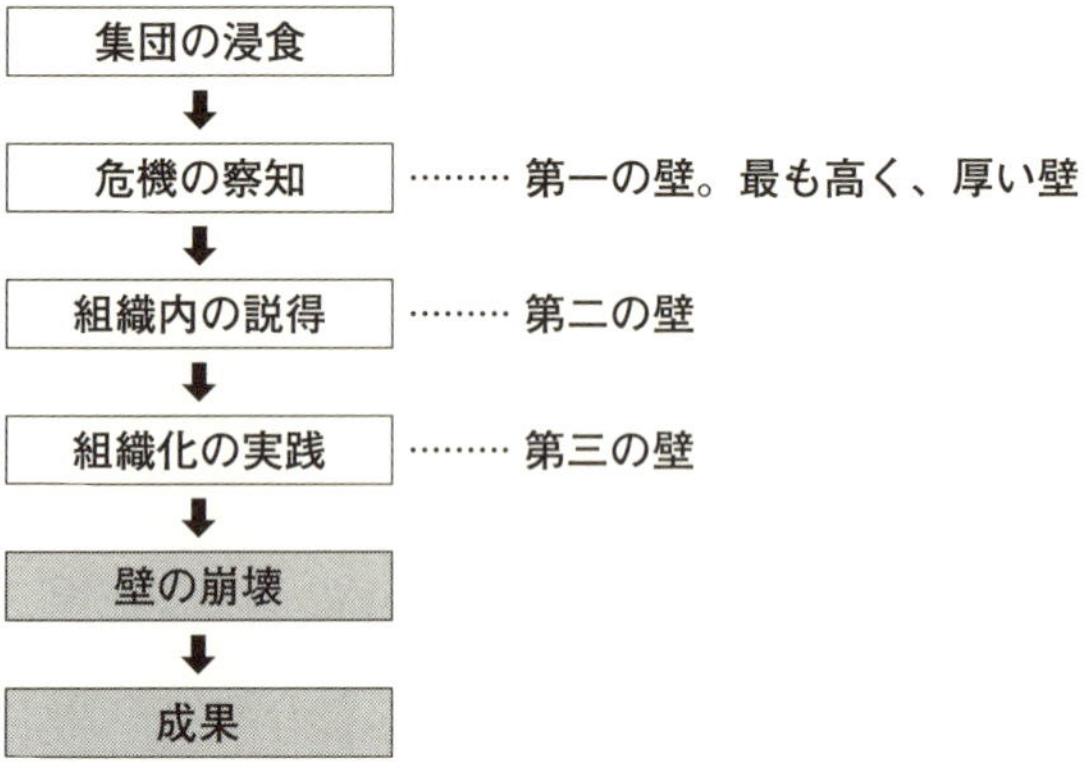

非正規労働者の組織化の成果をチェックしよう。

①非正規労働者の労働条件のうち何が向上したか。

②非正規労働者を対象とした人事処遇制度が改定されたか。改定の意図は何か。どのようなメリットが非正規労働者にあるか。

③非正規労働者が加入したことで組合運動はどのように変わったか。

④非正規労働者の加入が、正規労働者の組合運動にどのような影響を及ぼしたのか。

⑤会社の反応はどうか。非正規労働者の組織化を歓迎しているか、そうでもないか。

⑥残された課題は何か。

おわりに

非正規労働者を「組合に入れてあげる」のではない。自らの危機を乗り越えるために彼らに「組合に入ってもらう」のだ。もちろん、結果として、当然のことのように非正規労働者にも組織化の恩恵は行き渡る。これが私の強調したことである。私のこの思いはみなさんに届いたであろうか。ぜひとも、これまでの発想を大胆に転換し、新しい一歩を踏み出してほしい。私は、心より、そう願っている。

拙い本であるが、これを完成するにあたっては、多くの人びとのお世話になった。その一人ひとりに心より感謝の気持ちを捧げたい。

まずは調査の趣旨に賛同し、協力をして下さった一〇の企業別組合の執行部の方々である。もう一度、感謝をこめて、単組名を紹介したい。イオンリテール労働組合、日本ハムユニオン、ケンウッド・グループ・ユニオン（ケンウッド・ジオビット総支部）、市川市保育関係職員労働組合、八王子市職員組合、サンデーサン労働組合、小田急百貨店労働組合、クノールブレムゼジャパン労働組合、全矢崎労働組合、私鉄中国地方労働組合広島電鉄支部である。お忙しい中、面倒なインタビュー調査に時間を割いて下さり、場合によっては二度、三度と会って下さった。本当にありがとうございました。

次に、貴重な調査の機会を与えて下さった連合総合生活開発研究所にも感謝したい。連合総研では二〇〇七年度から「二一世紀の日本の労働組合活動に関する調査研究委員会」を立ち上げ、その初年度のテーマとして「組織戦略と非正規労働者——非正規労働者問題と労働組合の組織革新」をとりあげ、プロジェクトに参加するよう私に声をかけてくれた。その成果が、本書のもとになった『「非正規労働者の組織化」調査報告書』(二〇〇九年一月)である。

そして、このプロジェクトの事実上のリーダーとして、若い研究者を指導し報告書をまとめた橋元秀一國學院大學教授、興味深い事例をみごとに描いた連合総研の研究員である会田麻里子、同じく大谷直子、前研究員で現在は労働調査協議会調査研究員の後藤嘉代、連合非正規労働センター部長の杉山寿英、同じく山根正幸のみなさんに対しても感謝したい。橋元教授の指導のもと、各メンバーが優れた調査報告を書いてくれたからこそ、本書ができあがった。私はただ「単なる報告ではなく、ストーリーを描け」「内容を一言で表すようなタイトルをつけろ」と言っただけだったように思う。メンバーたちはまた、本書の原稿を丹念に読み、いろいろと意見を伝えてくれた。本当にありがとうございました。

著者

●**著者紹介**

中村圭介（なかむら・けいすけ）

1952年生まれ。東京大学大学院経済学研究科博士課程単位取得退学。雇用職業総合研究所研究員、武蔵大学経済学部助教授、東京大学社会科学研究所教授を経て、現在、法政大学大学院連帯社会インスティテュート教授。博士（経済学）。

主な著書に『日本の職場と生産システム』（東京大学出版会、1996年）、『教育行政と労使関係』（共著、エイデル研究所、2001年）、『変わるのはいま―地方公務員改革は自らの手で』（ぎょうせい、2004年）、『行政サービスの決定と自治体労使関係』（共著、明石書店、2004年）、『衰退か再生か：労働組合活性化への道』（共編、勁草書房、2005年）、『ホワイトカラーの仕事と成果―人事管理のフロンティア』（共編、東洋経済新報社、2005年）、『成果主義の真実』（東洋経済新報社、2006年〉、『実践！自治体の人事評価：「評価される側」からのアプローチ』（ぎょうせい、2007年）、『壁を壊す』（教育文化協会、2009年）、『地域を繋ぐ』（教育文化協会、2010年）等。

連合・労働組合必携シリーズ1

壁を壊す――非正規を仲間に

2018年7月10日　初版第1刷発行

著　者　中村圭介
編　者　公益財団法人連合総合生活開発研究所
装　丁　河田　純（株式会社ネオプラン）
発行所　公益社団法人教育文化協会
〒101-0062 東京都千代田区神田駿河台3-2-11
TEL.03-5295-5421　FAX.03-5295-5422
制作・発売　株式会社 旬報社
〒162-0041 東京都新宿区早稲田鶴巻町544　中川ビル4F
TEL.03-5579-8973　FAX.03-5579-8975
ホームページ http://www.junposha.com
印刷製本　シナノ印刷株式会社

ISBN978-4-8451-1551-8